체중계는 잊어라
이제 라인이다

체중계는 잊어라
이제 라인이다

초판 1쇄 인쇄일 2012년 6월 21일
초판 1쇄 발행일 2012년 6월 27일
지은이 이충헌·박형일 공저
펴낸이 장성순
편집장 정희원
기획편집 변경진
디자인 방상호
사진 배상현
모델 조현정
어시스트 조현선(트레이너)
마케팅 상상마케팅
출력 스크린출력
인쇄 하정문화사
종이 삼미지업
펴낸곳 해피스토리

주소 서울특별시 마포구 연남동 561-58 1층
전화 02-730-8337 **팩스** 02-730-8332
이메일 happistory12@naver.com
출판등록 2006년 12월 6일 제300-2006-174호
홈페이지 http://www.happistory.com

당신의 이야기가 곧 역사입니다.

ISBN 978-89-93225-57-0-13690
※값은 뒤표지에 표시되어 있습니다.
※잘못된 책은 바꾸어 드립니다.

해피스토리는 출간을 희망하는 분들의 소중한 원고를 기다리고 있습니다. 출간 기획안과 작성된 원고를 해피스토리 편집국(happistory11@naver.com)으로 보내주세요. 해피스토리 편집국은 독자 여러분에게 그 문이 활짝 열려 있습니다. 언제든지 해피스토리에 노크하시면 됩니다.

이충헌 · 박형일 공저

KBS 의학전문기자의 실전 체지방 다이어트

체중계는 잊어라
이제 라인이다

해피스토리
Happistory

Contents

지난 2010년, 새해를 맞으면서 두 가지 목표를 세웠다. 토플시험과 책 출간이 그것이었다. 그해 봄 난생처음 영어학원에 다니면서 토플 공부를 했고, 두 번 시험을 친 끝에 원하는 점수를 얻을 수 있었다. 8월에는 계획대로 두 번째 책을 출간했다. 여름이 끝나갈 무렵, 무언가 새로운 도전이 필요하다는 생각이 들었다. 자꾸 배가 나와 다이어트를 목표로 잡았다. 나 역시 다른 사람들과 마찬가지로 다이어트가 처음은 아니었다. 피트니스 클럽에 등록했다가 한 달도 안 다니고 슬하게 돈만 날렸다. 저녁을 굶으면서 4kg 감량에 성공한 적도 있다. 그러나 빠졌던 체중은 금세 제자리로 돌아왔다. 그래서 이번엔 조금 더 확실한 방법을 시도해보기로 했다. 가장 확실한 효과를 보이는 다이어트 방법이 무엇인지 주위 사람들에게 물었다. 그랬더니 이구동성으로 '퍼스널 트레이닝PT, personal training'이 살을 빼는 가장 확실한 방법이라고 했다.

근력운동의 효과는 놀라웠다. 근력운동을 시작한 뒤 10개월 만에 12kg을 감량했다. 그것도 근육은 줄어들지 않은 채 체지방만 12kg이 빠졌다. 마치 정교한 수술칼로 체지방만 도려내듯 말이다. 몸무게도 몸무게지만, 체형의 변화는 더 극적으로 나타났다. 입던 옷들이 하나도 맞지 않아 와이셔츠와 양복, 티셔츠와 바지 모두 새것으로 장만했다. 허리둘레가 36인치에서 31인치로 줄었다. 상의의 치수도 110에서 100으로 줄었다. 이 모두 근육이 아닌 체지방이 줄었기 때문이다. 더 중요한 것은 살이 찌지 않는 체질로 바뀌었다는 사실이다. 일주일이면 서너 번 술을 마실 정도로 애주가인데다 먹는 것을 전혀 조절하지 않는데도 요요현상이 나타나지 않는다. 운동을 통해 몸이 '리셋'되었기 때문이다. 근육이 늘고 체지방이 줄면서 살이 찌지 않는 체질로 탈바꿈했다. 이렇게 시작된 근력운동은 지금껏 이어지고 있다.

많은 여성이 다이어트를 꿈꾸고 시도한다. 레몬 디톡스, 마녀수프 다이어트 등 온갖 비법들이 줄을 잇는다. 하지만 성공사례는 많지 않다. 여전히 많은 여성이 현재 다이어트 중이다. 온갖 다이어트 비법들이 별 효과가 없다는 반증이다. 대다수 여성들은 다이어트를 시작하면 먼저 먹는 것을 줄인다. 그러나 굶으면 체지방은 줄지 않고 근육만 빠져 결국 심한 요요현상을 겪게 된다. 100명이면 100명 모두 다이어트에 실패하고 살이 더 찐다. 그럼에도 불구하고 여성들은 운동보다는 먹을 것을 줄인다. 여전히 다이어트는 금식이라는 생각이 위력을 떨치고 있다.

다이어트의 핵심은 몸무게가 아닌 체지방을 줄이는 것이다. 그리고 더 이상 살이 찌지 않는 체질로 바꾸는 것이다. 체지방을 효과적으로 줄이기 위해서는 근력운동이 필요하다. 유산소운동을 하면 체지방이 줄지만, 근육도 같이 줄어든다. 근육은 우리 몸에서 에너지를 가장 많이 소모하는 곳이다. 근력운동을 통해 근육을 늘리면 기초대사량이 늘어 다이어트 효과가 극대화된다. 살이 찌지 않는 체질로 바뀌어 요요현상도 생기지 않는다.

근육은 체지방보다 부피가 30% 작아 공간을 덜 차지한다. 체중이 줄지 않더라도 근력운동으로 체지방만 제거하면 옷 치수가 줄어든다. 군살이 사라지면서 신체의 라인이 살고 탄력 있는 몸매로 바뀐다. 바로 여성들이 그토록 바라는 몸매다. 굳이 체중계에 목을 맬 필요가 없다.

많은 여성이 '근육이 커져 울퉁불퉁하게 튀어나오면 어떡하나?' 하는 걱정 때문에 근력운동을 멀리한다. 하지만 이것은 오해다. 여성은 근육량이 적고 근육이 지방 밑에 숨어있기 때문에 웬만한 근력운동으로는 근육이 불룩 튀어나오지 않는다. 허벅지가 두꺼워질까 봐 근력운동을 기피하는 여성들도 많다. 그러나 근력운동을 하면 허벅지 둘레가 오히려 줄어든다. 허벅지에는 근육만 있는 게 아니라 근육 사이사이에 지방이 끼어 있고 피하지방도 상당 부분을 차지한다. 근력운동을 통해 체지방이 줄어들면 허벅지 둘레도 얇아지는 것이다. 이때 체지방이 감소한 자리에 근육이 붙으면 더 탄력 있는 허벅지를 만들 수 있다.

다이어트의 핵심은 근육이나 수분이 아닌 체지방을 줄이는 것이다. 먹는 것을 줄이는 다이어트는 실패 가능성이 높을뿐더러 몸을 망치는 지름길이다. 제발 몸무게에 목을 매지 마라. 체중계는 버리고 줄자를 들자. 근력운동으로 근육을 만들면 신체가 '리셋'되어 살이 찌지 않는다. 날씬하면서도 탄력 있는 몸매도 가꿀 수 있다. 트레이닝복으로 갈아입고 바로 운동을 시작해라. 꾸준히 실천한다면 그토록 바라던 눈부신 몸매가 눈앞에 다가올 것이다.

PART 01

다이어트
절대 하지 마라

굶는 다이어트는 그만!

물속에 들어가 숨을 참으면 길어야 1분을 버티지 못하고,
더 크게 숨을 들이쉬어야 하는 것처럼 식욕도 마찬가지다.
참는다고 해서 버틸 수 있는 성질의 것이 아니다.

여성이면 누구나 연예인 같은 몸매를 꿈꾼다. 잘 보이지 않던 여성 연예인이 작품을 앞두고 복귀하면서 "다이어트로 살을 좀 뺐어요."라고 인터뷰를 한다. 연예인들의 다이어트 성공 사례가 인터넷을 달구면서 나도 살을 뺄 수 있다는 기대감에 마음이 부푼다. 여름이 다가오면서 비키니도 입고 싶고, 하의 실종 패션에 한번 도전해보고 싶다. 그러나 정작 시간은 많지 않다. 단기간에 살을 빼기 위해서는 굶는 수밖에 없다. 방울토마토나 바나나, 닭 가슴살 등 한 가지 식품만 섭취하는 '원 푸드 다이어트'로 효과를 보았다는 연예인들의 인터뷰 기사는 이런 기대에 불을 붙인다. 다이어트하면 일단 쫄쫄 굶는 게 최고라는 생각 말이다. 그러나 이것은 엄청난 오해다. 연예인들이 말하는 다이어트에는 운동과 식이요법이 모두 포함되어 있다. 조각한 듯 탄탄한 그들의 몸매는 전문 트레이너의 지도에 따라 피나는 운동을 한 결과다. 그들이 했다는 식이요법은 운동의 보조 수단일 뿐이다. 식이요법도 무작정 칼로리를 줄이기보다 꼭 필요한 단백질과 비타민을 충분히 섭취하고 탄수화물은 줄이는 등 운동의 효과를 극대화하는데 맞춘다. 그렇지 않고는 절대 그런 몸매를 만들 수 없다.

젊은 여성치고 다이어트 한번 안 해본 사람은 없을 것이다. 외모가 경쟁력이 되다 보니 다이어트가 단순한 관심사를 넘어 일종의 강박증처럼 되어가고 있다. 다이어트 방법도 각양각색이다. 덴마크식 다이어트, 사과 다이어트, 효소 다이어트, 마녀수프 다이어트, 단식원 등 지금까지 나온 것만 2만 6천여 종이 넘는다. 비만산업도 수직 상승세다. 이렇게 온갖 다이어트 방법이 소개되고 수많은 사람이 다이어트를 시도하지만, 정작 살을 뺐다는 사람을 만나는 것은 쉽지 않다. 온갖 묘책과 비법을 동원하고 돈을 써가며 겨우 살을 빼놨는데 1년도 못 가 요요현상이 찾아와 도루묵이 되기 십상이다.

많은 사람이 다이어트를 하고 있는데도 왜 다이어트에 성공한 사람은 거의 없을까? 그 이유는 제대로 알고 다이어트를 하는 사람이 드물기 때문이다. 어떻게 다이어트를 했는지 물어보면 열에 아홉은 "그냥 굶어요." "하루에 한 끼 먹어요." "배가 고파도 꾹 참아요."처럼 비숫한 대답을 한다. 이렇게 굶는 다이어트를 하면 100% 실패한다. 실패할 뿐만 아니라 몸이 더 망가진다. 굶는 다이어트로 몸이 망가진 사람이 수두룩한데도 사람들은 아직도 굶는 게 가장 효과적이고 손쉬운 다이어트 방법이라고 생각한다.

고등학교 시절 통통한 편이었던 이소미 씨는 대학에 입학하면서부터 다이어트를 시작했다. 효소 다이어트로 시작했는데, 처음에 1~2kg이 빠지는 것 같더니 별 효과가 없었다. 이후 한방 다이어트도 시도해보고 병원에서 지방 분해 주사도 맞아봤지만, 효과가 뚜렷하지 않았다. 결국, 독한 마음을 먹고 단식원에 등록했다. 한 달 내내 하루 한 끼 분량을 여러 번 나눠 먹거나 물로 버티면서 허기를 달랬다. 주말에는 2시간 넘게 산을 타고 시간이 날 때마다 러닝머신 위를 달렸다. 초인적인 의지로 버텨낸 한 달, 효과는 놀라웠다. 65kg이던 몸무게가 한 달 만에 무려 10kg이나 빠져 55kg이 되었다. 그런데 어느 날부터 더 이상 살이 빠지지 않았다. 정체기가 온 것이다. 하루에도 몇 번씩 체중계에 올라섰지만, 눈금은 그대로였다. 이때부터는 좌절의 연속이었다. 기운은 없고 기분도 울적해 자신도 모르는 사이 단것에 입을 대기 시작했고 그만 폭식에 빠졌다. 스스로도 정신이 이상해진 것이 아닐까 싶을 정도로 게걸스럽게 음식을 삼키고도 자제하기가 어려웠다.

자포자기하는 심정으로 운동도 끊고 폭식에 빠진 지 한 달, 체중은 5kg이 불었다. 그래도 다이어트를 포기할 수는 없었다. 다시 먹는 것을 줄여가며 1년간 다이어트를 시도했지만, 체중은 63kg까지 늘었다. 업무로 인한 압박감과 스트레스 때문에 술자리가 늘고, 야식을 많이 먹게 되면서 또다시 한 달 만에 5kg이 불었다.

한때 단호박, 방울토마토, 샐러드, 수박, 파인애플 등의 채소와 과일로 구성된 소녀시대 식단이 공개된 적이 있었다. 아침은 200kcal, 점심과 저녁은 각각 300kcal로 하루 800kcal의 초 저열량 식단이다. 소녀시대 다이어트가 공개되면서 청소년들 사이에 '소녀시대 식단 따라하기'가 유행처럼 번졌다. 그러나 매니저와 전담 영양사가 관리해주는 연예인들의 식단을 일반인들이 따라 하는 것은 성공 가능성도 없을뿐더러 부작용만 낳는다. 여성은 하루 1,800kcal 정도가 필요하다. 800kcal이면 거의 먹지 않는다는 얘기다. 이렇게 먹으면 분명 살은 빠진다. 몸무게가 줄어든다. 그러나 피부가 거칠어지고 체력도 떨어진다. 영양실조에 빠져 머리카락이 푸석해진다. 날씬해지기 위해 거의 먹지 않는데도 체중계의 바늘은 제자리에 멈춘다. 이렇게 먹지 않아도 몸무게가 줄지 않는 정체기가 오는 이유는 우리 몸이 비상상태에

돌입해 대사량을 줄이기 때문이다.

아무리 굶어도 몸무게는 제자리고, 윤기 흐르던 머리카락은 푸석푸석해진 지 오래다. 게다가 얼굴은 칙칙해지고 탄력 있던 피부는 축 처진다. 요지부동인 체중계의 눈금과 거울 속에 비친 자신의 모습을 보면 한없이 우울해진다. 결국, 자기 연민에 빠지게 되고 어차피 빠지지 않을 살이라면 마음껏 먹고 죽자는 생각마저 든다. 이때부터 과식과 폭식이 시작된다. 이렇게 한차례 폭식을 하고 나면 스스로를 책망하고 자신에 대한 실망감에 빠진다. 좌절이 자포자기로 이어지면서 폭식은 더 심해지고 몸은 더 망가진다.

고등학생 시절부터 다이어트를 시도했던 유나나 씨는 살을 빼기 위해 지금까지 안 해본 방법이 없다. 헬스, 에어로빅, 요가는 기본으로 거쳤다. 집에는 스텝퍼, 훌라후프, 진동 벨트, 압박 스타킹, 마사지봉, 이침, 배꼽봉 등 사 놓은 다이어트 용품만도 한가득 이다. 뱃살 관리방도 다녀보고 슬리밍 제품들도 수없이 사서 발랐다. 지방을 분해해준다는 앰풀도 마셔보고 한약에 마약성 식욕 억제제까지……

매번 다이어트를 해서 어느 정도 살을 뺐다 싶으면 긴장이 풀려 다시 먹고 체중이 늘어나는 생활이 반복됐다. 그런데 다이어트가 반복되면서 점점 더 살을 빼기가 어려워졌다. 웬만큼 노력해서는 체중이 줄지 않았던 것이다. 그래서 유나나 씨는 마지막 투자라고 생각하고 거금을 들여 다이어트 보조식품을 구입했다.

하루에 한 끼 점심은 반 공기만 먹고 아침과 저녁은 다이어트 보조식품으로 대체했다. 세끼 모두 보조식품만 먹고 3일씩 단식을 하기도 했다. 처음 3일간은 이러다 죽을 수도 있겠다 싶을 정도로 힘들었다. 온몸에 힘이 없는 것은 물론 허기가 져 아무것도 할 수가 없었다. 하지만 조금씩 줄어드는 체중을 보면서 이를 악물고 다이어트를 지속했다. 결국, 4개월 만에 10kg 감량에 성공했다. 그런데 몸무게가 이렇게 줄었는데도 허벅지와 뱃살은 많이 빠지지 않았다.

심지어 줄어든 체중은 그리 오래가지 않았다. 다이어트 보조식품을 끊은 지 한 달도 안 돼 다시 2kg이 쪘다. '어떻게 뺀 살인데…….' 다시 긴장을 늦추지 않고 식이요법과 운동을 하면서 체중은 더 이상 늘지 않았다. 그러나 연말 술자리가 많아지면서 슬슬 살이 찌기 시작하더니 8개월 만에 원래 자신의 몸무게로 돌아왔다. 체중은 같지만, 허벅지와 배에는 다이어트를 하기 전보다 살이 더 붙은 기분이 들었다.

식욕은 마치 숨을 쉬는 것처럼 생존을 위해 필수적이어서 이를 조절하는 것은 매우 어렵다. 물속에 들어가 숨을 참으면 길어야 1분을 버티지 못하고, 더 크게 숨을 들이쉬어야 하는 것처럼 식욕도 마찬가지다. 참는다고 해서 버틸 수 있는 성질의 것이 아니다.

　지나치게 굶으면 몸에서는 자연스럽게 영양소의 공급을 원하게 돼 허기가 지고 상실감에 빠진다. 음식에 대한 생각이 점점 많아지면서 결국 식욕에 굴복해 음식을 먹는다. 그러면 다이어트에 실패했다는 자책감과 수치심 때문에 음식에 더 집착하게 되고 폭식으로 이어진다. 체중이 원래 상태로 돌아오거나 더 살이 찌면 스스로에 대해 부정적인 감정이 생긴다. 자존심에 상처를 받는 것이다. 이처럼 괴롭고 힘들고 계속 참아야 하는 다이어트는 100% 실패하게 되어 있다. 몸과 마음만 피폐해진다. 다이어트에 실패할수록 자아상이 더 나빠지면서 이를 보상하기 위해 굶고 과식하고 다시 다이어트를 시도하는 악순환에 빠진다.

다이어트의 적 요요현상

더 많이 먹어서 요요현상이 오는 것은 아니다.
살이 빠지지 않는 체질로 바뀌는 탓이 더 크다.

굶는 다이어트는 하면 할수록 찌는 곳은 더 찌고, 몸은 점점 살이 찌기 쉬운 체질로 변해간다. 굶어서 몸무게가 좀 줄었다 싶으면 먹을 게 당겨 먹고, 더 살이 찌는 악순환이 반복된다. 꼭 더 많이 먹어서 요요현상이 오는 것은 아니다. 살이 빠지지 않는 체질로 바뀌는 탓이 더 크다. 따라서 다이어트에 성공하려면 살이 찌지 않는 체질로 만들어야 한다.

365일 다이어트를 꿈꾸는 여성들이 많다. 20대 후반의 김민정 씨도 그런 경우다. 실제로 해보지 않은 다이어트가 없을 정도다. 원 푸드 다이어트는 종류별로 거의 다 섭렵했다. 굶는 것은 늘 있는 일이고 단식원도 가 보았다. 살 빼는 데는 자신이 있었다. 맘만 먹으면 얼마든지 원하는 만큼 뺄 수 있었다. 하지만 요요현상이 문제였다. 살을 뺀지 한 달 정도가 지나면 어김없이 요요현상이 찾아왔다. 요요현상이 반복되면서 건강도 나빠졌다. 좌절감에 거식증에 빠진 적도 있다. 살을 뺐다 다시 찌는 일이 일 년에도 몇 번씩 반복되면서 체형이 완전히 망가졌다. 다이어트를 할 때면 허리둘레가 25인치까지 빠졌다. 하지만 아무리 살을 빼도 아랫배와 엉덩이, 허벅지 살은 빠지지 않았다. 요요현상이 반복되면서 아랫배와 엉덩이, 허벅지는 더 두꺼워졌다. 엉덩이에는 셀룰라이트까지 생겨 피부가 울퉁불퉁하다. 급기야 몸무게도 70kg을 넘어 77사이즈 치마가 꽉 낄 정도다.

요요현상을 겪는 여성들은 대부분 유행하는 다이어트에 민감하다. 그러다 보니 안 해본 다이어트가 없을 정도로 많은 다이어트 방법을 시도하고, 또 그만큼 많은 실패를 경험한다. 이런 여성들은 허리둘레나 체지방 감소에 관해서는 관심이 없고 오로지 체중 변화에만 민감하다. 또한, 살이 빨리 빠지기를 원하기 때문에 다이어트가 심한 스트레스로 작용한다. 결국, 빨리 빼기를 원하는 만큼 운동보다는 먹는 것을 줄이는 다이어트에 의존하게 된다.

대학생 강보라 씨는 운동도 열심히 한 경우이다. 강보라 씨 역시 지금껏 안 해본 다이어트가 없다. 달리기, 수영, 요가 등 운동도 많이 했지만, 기본은 식이 조절이었다. 식사량을 반 이상 줄이면서 운동을 병행한 결과, 6개월 만에 10kg을 감량했다. 다이어트에 성공한 뒤 자신감도 생기고 삶에 활력이 넘쳤다. 그러나 행복한 시간은 그리 오래 가지 않았다. 그동안 자제했던 회식자리에 참석하는 등 이전의 생활로 돌아가자 어느새 목과 팔, 배 등에 살이 붙는 것이 느껴졌다. 다시 식사량을 조절해 보았지만, 한번 붙기 시작한 살은 멈추지 않았다. 체중계에 올라서는 것이 두려울 정도였다. 이렇게 지내길 3개월, 용기를 내어 체중계에 올라보니 요요현상은 심각했다. 다이어트 시작 전보다 5kg이나 더 찐 것이다. 이 정도까지 살이 더 붙으리라고는 정말 상상도 못했다. 살이 빠지는 속도에 비해 살이 다시 붙는 것은 한 순간이었다. 8개월간 배고픈 고통을 참아가며 들였던 노력이 무너져 내리자 상실감이 컸다. 다시 다이어트를 하면서 고통의 시간을 보내려니 엄두가 나지 않았다. 좌절감과 패배의식에서 빠져나오려고 몸부림을 쳐 보았지만, 이전처럼 노력을 해봐도 효과는 미미했다.

다이어트를 하는 여성 3명 중 한 명은 다이어트를 마친 뒤 이전보다 돌덩이 하나 정도 체중이 늘어난다. 다이어트에 실패하든 성공하든 상관없이 다이어트를 시도한 대부분 사람들이 요요현상을 겪는다. 미국

에서 실시한 연구를 보면 5년간 감량한 체중을 유지하는 다이어트 성
공 사례는 5%에 불과하다. 금연에 성공하기만큼 어렵다는 얘기다.

이충헌 기자의 친절한 Q&A

Q 녹차나 허브차 같은 차를 계속 마시면 다이어트 효과가 있다고 해서 매일 큰 물병으로 허브차를 가득 마시고 있습니다. 원래 물도 안 좋아하는데 온종일 마시려니 고역입니다. 사실 허브차를 마시니까 밥맛이 별로 없어서 식사량은 줄었어요. 정말로 실제 효과가 있는 걸까요?

A 일부에서 광고하듯 허브차에 지방 분해를 돕는 성분이 들어있는 것은 아닙니다. 허브차를 많이 마신다고 저절로 체지방이 줄어들진 않겠죠. 다만, 식사 전에 수분을 많이 섭취하면 식사량을 줄일 수 있습니다. 또한, 간식 대신 공복감을 달래는데 도움이 됩니다. 결국, 허브차 다이어트는 식사량을 줄이는 데 도움이 되는 방법입니다. 일부 차에는 카페인이 함유되어 있어 이뇨작용을 돕습니다. 몸에서 부기를 빼는 데 도움이 된다는 뜻이죠. 몸이 잘 붓는 여성들은 차를 마시면 부기 해소에 도움이 돼 몸무게가 줄어들 수 있습니다. 하지만 이것은 수분이 빠진 것이지 체지방이 줄어든 것은 아닙니다. 다이어트의 목표는 체중을 줄이는 게 아닌 체지방을 없애는 것입니다.

원 푸드 다이어트의 함정

한 가지 음식만 먹으면 질려서 많이 먹지 못하기 때문에
자연스럽게 섭취 열량이 줄어든다.

고구마 다이어트, 바나나 다이어트 등 최근 원 푸드 다이어트가 유행이다. 모 연예인이 바나나만 먹고 8kg을 감량했다는 기사를 보면 원 푸드 다이어트의 유혹을 떨치기 힘들다. 원 푸드 다이어트는 말 그대로 한 가지 식품만 섭취해 살을 빼는 방법이다. 사과, 두부, 바나나, 고구마, 감자, 달걀, 요구르트와 같은 식품 중 한 가지만 선택해 매끼 식사 대신 섭취하는 매우 단순하고 쉬운 다이어트 방법이다. 조리를 할 것도 없고 주위에서 쉽게 구할 수 있는 식품들이어서 마음만 먹으면 언제든 실천이 가능하다. 때문에 원 푸드 다이어트를 한번쯤 시도해보지 않은 여성은 거의 없을 것이다.

한 가지 음식만 먹으면 질려서 많이 먹지 못하기 때문에 자연스럽게 섭취 열량이 줄어든다. 섭취 열량이 줄면 당연히 살이 빠진다.

1~2주 만에 3kg이 빠지기도 한다. 간혹 바나나, 두부, 닭 가슴살 등이 살을 빼주는 식품이라고 오해하는 경우가 있다. 그러나 이런 식품들이 직접적인 다이어트 효과를 갖고 있는 게 아니라 많이 먹지 못해, 총 섭취 열량이 줄어서 체중이 감소하는 것이다. 적게 먹으면 살이 빠지는 것은 당연하다. 원 푸드 다이어트는 단기간 분명히 효과가 있다. 그러나 원 푸드 다이어트는 부작용이 많다. 영양 불균형에 빠지기 쉽다. 단백질과 철분, 칼슘, 비타민 등 필수 영양소가 결핍되어 탈모나 탈수 같은 부작용이 생길 수 있다. 원 푸드 다이어트를 자주 할 경우 영양 결핍으로 인한 빈혈, 저혈압, 부종, 골다공증이 생겨 건강을 해친다. 더욱이 원 푸드 다이어트는 오래 지속할 수 없다. 인간이 한 가지 식품만으로 2주 이상 버틸 수 있을까? 제아무리 강한 의지를 갖고 있다고 해도 식욕이라는 인간의 기본적인 욕구를 거스를 수 있는 사람은 없다. 결국, 단기간에 그치고 이후 더 심각한 부작용이 나타난다.

원 푸드 다이어트로 빠진 살은 체지방이 아니다. 간과 근육에는 비상 연료인 글리코겐이 저장돼 있다. 글리코겐은 에너지원으로 사용되고 남은 탄수화물을 당분 형태로 저장한 것이다. 글리코겐은 수분과 함께 근육 등에 저장된다. 음식물 섭취가 줄어들면 우리 몸은 근육에 있는 글리코겐을 원료로 사용한다. 이때 근육에 들어있는 수분이 함께 빠져나가면서 체중이 눈에 띄게 줄어든다. 다이어트 초기에 급격히 줄어드는 체중 대부분은 근육에서 수분이 빠져나간 것이지 체지방이 빠진 게 아니다. 이후 굶는 다이어트를 지속하면 체지방과 함께 근육이 줄어든다. 체지방뿐만 아니라 근육의 단백질을 분해해 원료로 사용하기 시작하는 것이다. 이렇게 줄어든 근육은 요요현상의 가장 큰 원인이다. 우리 몸에서 가장 많은 에너지를 소비하는 곳이 근육인데, 절식으로 근육이 줄면서 기초대사량이 떨어지기 때문에 덜 먹는데도 살이 찌는 것이다. 기초대사량은 운동의 두 배가 넘는 열량을 소모하는 다이어트의 가장 핵심 요소다.

일단 체중 감량에 성공하면 초심이 흔들리기 시작한다. 한동안 멀리했던 음식들이 슬슬 당기고 굶으면서 고생했던 것에 대한 보상심리로 평소 즐겼던 음식들을 먹게 된다. 그러면 어느새 다이어트 전의 생활 습관으로 돌아온다. 다이어트로 인한 영양 결핍으로 우리 몸은 더 많은 영양소를 원한다. 영양분이 몸에 들어오는 순간 쓰기보다는 자꾸만 몸에 쌓아둔다. 다이어트 이전보다 더 살찌기 쉬운 체질로 바뀐 것이다. 다이어트 초기에 눈에 띄게 줄어들던 체중은 더 이상 변하지 않는다. 심지어 굶다시피 하는데도 체중은 오히려 늘어난다.

35살의 박미정 씨는 입사 10년 차 회사원이다. 165cm의 키에 약간 통통한 편인 박 씨는 온종일 회사에 앉아있고 전혀 운동을 하지 않다 보니 체중이 많이 늘었다. 평소보다 5kg이 늘어난 65kg, 친구가 결혼을 앞두고 다이어트 보조식품을 섭취하면서 열심히 다이어트하는 모습을 보고 결심했다. 아침은 주스 한잔이나 사과 한 개, 요구르트 등으로 간단히 때웠다. 점심은 평소 먹는 양의 절반으로 줄이고, 저녁은 다이어트 보조식품으로 대체했다. 그러자 다이어트를 시작한 지 한 달 만에 4kg이 빠졌다. 일주일에 1kg씩 몸무게가 팍팍 줄어드니 배가 고파도 견딜만했다. 결국, 3개월 만에 12kg 감량에 성공했다. 이후 요요현상이 생길까 봐 계속 기존의 다이어트 방법을 유지했다. 이때는 정말 체중계에 매달려 살았다. 약속도 안 하고 회식자리도 피하길 3개월, 다행히 몸무게는 늘지 않았다. 이후 안심을 해도 되겠다 싶어 평소 먹던 식단으로 돌아갔다. 하지만 조금이라도 체중이 늘면 먹는 것을 줄이고 운동도 하면서 몸무게를 유지하려고 애썼다. 그러는 사이 체중은 조금씩 늘기 시작했다. 어느 순간 먹는 양을 줄여도, 아무리 운동을 해도 몸무게가 늘어나는 것을 막을 수 없었다. 자포자기하는 심정에 폭식 습관도 생겼다. 다이어트를 시작한 지 1년 만에 체중은 원래보다 3kg이 더 늘었다. 더 심각한 것은 체형이다. 복부와 허벅지에 살이 붙어 몸에 맞는 옷이 없을 정도이다.

이충헌 기자의 친절한 Q&A

Q 요즘 다이어트의 최고 화제는 '레몬 디톡스'입니다. 몸에 독소도 빼고, 살도 빼는 최고의 방법이라고 하던데 레몬 디톡스가 다이어트에 도움이 되는 것은 맞는지, 건강에 이상은 없을지 궁금합니다.

A '레몬 디톡스'는 레몬으로 몸에 쌓인 노폐물과 독소를 배출시키고 신진대사와 지방 분해를 활성화해 살을 빼 준다는 다이어트 방법입니다. 일부 할리우드 스타들이 레몬 디톡스로 체중 감량에 성공하면서 우리나라에서도 많은 여성이 다이어트 방법으로 레몬 디톡스를 선택하고 있습니다. 레몬 디톡스는 레몬주스와 메이플 시럽으로 최소한의 탄수화물을 공급하고, 고춧가루로 에너지 대사를 높여준다는 방법입니다. 우리 몸의 독소를 빼 준다는 '디톡스Detox' 참으로 솔깃하죠?

지금은 시들해졌지만, 이전에도 장청소나 단식과 같은 디톡스 방법이 유행했습니다. 그러나 이런 디톡스 방법이 의학적으로 효과가 있다는 근거는 그 어디에도 없습니다. 우리 몸엔 활성산소라는 독소로부터 신체를 보호하는 다양한 항산화 기전, 즉 디톡스 방법이 존재합니다. 특정한 방법이나 식품이 디톡스를 해주는 게 아니라 이런 항산화 작용을 강화하는 것이 진정한 디톡스입니다. 즉 규칙적인 운동과 함께 채소와 과일을 섭취하는 것 등이 진정한 디톡스 방법이라고 할 수 있습니다. 더욱이 레몬이 우리 몸에 쌓인 독소와 노폐물을 뺀다는 사실이 과학적으로 검증된 적은 한 번도 없습니다. 그저 일방의 주장일 뿐입니다. 레몬 하니까 이미지도 좋고 왠지 몸에 좋아 보이죠? 맞습니다. 이것은 그냥 이미지일 뿐입니다.

레몬 디톡스는 밥 대신 그냥 레몬즙이 섞인 물만 마시는 것입니다. 그러니까 쫄쫄 굶는 것과 전혀 다를 바가 없습니다. 거의 단식이라고 보면 됩니다. 안 먹으니까 당연히 단기간에 체중이 줄어들겠죠. 일부 레몬 디톡스 경험자들은 '활력이 솟고 기분이 좋아졌다'고 말하기도 합니다. 그러면서 몸속의 독소가 빠져나갔기 때문이라고 생각합니다. 하지만 이것은 단식을 한 사람들의 초기 반응과 비슷합니다.

레몬 디톡스는 원 푸드 다이어트의 또 다른 형태입니다. 포장만 바뀌었을 뿐 내용물은 기존의 것과 별반 다른 게 없습니다. 그저 새롭게 유행하는 원 푸드 다이어트죠. 그래서 영양 결핍에 시달리면서 탈모나 위장병 등의 부작용이 생길 수 있습니다. 당연히 요요현상도 생기겠죠.

레몬 디톡스 열풍의 계기가 된 '비욘세 놀스' 예를 들어볼까요? 비욘세 놀스는 영화 '드림걸즈'를 촬영하기 위해 10일 만에 레몬 디톡스로 10kg을 감량한 뒤 촬영장에 나타났다고 합니다. 영화 촬영을 마친 뒤 그녀는 어떻게 됐을까요? 당연히 요요가 왔습니다. 체중이 이전보다 더 늘었고 몸매는 더 망가졌습니다. 이후 그녀는 다이어트에 대해 언급하는 것조차 싫어한다고 합니다.

여러 번 강조했듯이 굶는 다이어트는 최악의 다이어트 방법입니다. 지속성이 없고 요요현상을 겪으면서 건강과 몸매가 망가집니다. 괜히 과학적인 근거도 없는 마케팅에 휘둘려 건강을 해치지 마시기 바랍니다.

식욕, 기본적인 욕구의 진실

수십만 년을 거치면서 인간의 유전자에는 왕성한 식욕이
기본적인 욕구로 아로새겨졌다.

인류가 이렇게 배불리 먹을 수 있게 된 것은 십수 년에 지나지 않는다. 수십만 년 동안 인류는 굶주림에 시달려 왔고, 셀 수 없는 사람들이 끼니를 잇지 못해 목숨을 잃었다. 적자생존의 법칙에 따라 많이 먹고 영양분을 많이 저장할 수 있었던 사람들만 살아남았다. 우리는 탐욕스러울 정도로 왕성한 식욕을 자랑했던 조상들의 후예다. 수십만 년을 거치면서 인간의 유전자에는 왕성한 식욕이 기본적인 욕구로 아로새겨졌다.

그럼 왜 우리 몸은 지방의 형태로 남은 열량을 저장할까? 지방은 1g당 열량이 가장 높은 영양소다. 탄수화물과 단백질이 1g당 4kcal의 에너지를 내는 데 비해 지방은 9kcal의 높은 에너지를 만들 수 있다. 따라서 남은 열량을 지방으로 저장하는 것이 가장 경제적이다.

살을 뺀다는 것은 근육이나 수분을 몸에서 빼내는 것이 아니라 체지방을 줄이는 것이다. 우리 인체는 먹는 것을 줄이면 영양분을 최대한 아껴 써 비축하고 신진대사를 늦추면서 끊임없이 음식에 대한 갈망이 생긴다. 원시시대에 굶주림과 싸우면서 삶을 이어가던 인류의 습성은 현대인들에게도 그대로 남아있다. 식욕에 맞서는 우리 몸은 사막을 지나가는 여행자와 같다. 갈증에 시달리다가 오아시스를 만난 여행자가 모든 수단을 동원해 물을 비축하듯 굶다가 음식을 먹으면 모두 체지방으로 쌓인다. 요요현상으로 늘어난 체중은 모두 체지방이다.

미국 오레곤 보건과학대학 연구진은 암컷 원숭이 18마리에게 수년 동안 고지방식을 먹여서 체중을 늘린 다음 평소 먹던 열량보다 30%를 줄인 저지방식을 먹게 했다. 한 달 후 체중을 재봤더니 놀랍게도 체중이 줄어들지 않았다. 다이어트를 시작함과 동시에 신체 활동량이 곧바로 줄었기 때문이다. 신체 활동량은 다이어트를 하기 전보다 18%나 감소했다. 두 번째 달에는 열량을 처음 시작 때보다 60%나 줄였으나 체중은 고작 6.4% 감소했다. 신체 활동이 더 줄었기 때문이다. 섭취하는 열량을 줄이는 순간 우리 몸은 근육이 줄면서 기초대사량이 떨어진다. 그뿐만 아니라 우리 몸은 신체 활동도 줄이는 방어기전을 갖고 있다. 식이 조절에 운동을 병행해 근육량을 유지하지 않으면 다이어트에 절대 성공할 수 없는 이유가 여기에 있다.

섭취 칼로리를 줄이면 대사량이 줄어든다. 그런데 열량 섭취를 다시 늘린다 하더라도 한번 떨어진 대사량은 바로 회복되지 않는다. 미국 국립건강연구소에서 조사를 해봤더니 칼로리 제한을 중단한 지 6개월 뒤 체중은 이전 상태로 돌아왔으나 대사율은 여전히 현저하게 낮은 것으로 나타났다. 줄어든 근육은 원 상태로 돌아오지 않고, 늘어난 체중 대부분이 체지방이기 때문이다. 이것이 요요현상의 핵심이다. 운동을 하지 않고 먹는 것만 줄이면 근육량이 줄면서 점점 살이 찌기 쉬운 체질로 변한다. 굶는 다이어트에서 요요현상은 피할 수 없는 숙명이다. 그러나 아직도 많은 사람이 다이어트를 하면서 먹는 것만 줄이려고 한다. 이는 스스로 무덤을 파는 꼴이다.

이충헌 기자의 친절한 Q&A

Q 살을 빼면 가슴이 먼저 빠지는데, 살이 찔 때는 가슴이 가장 늦게 찝니다. 가슴은 안 빠지고 살 빼는 방법은 없을까요?

A 다이어트를 해본 여성이라면 누구나 하는 고민입니다. 체중은 줄어들어 좋은데, 가슴이 작아지고 처지는 느낌이 들어 다이어트를 계속할지 고민하는 여성들이 많습니다. 이런 현상은 특히 굶는 다이어트를 하는 여성들에게서 많이 나타납니다. 탄수화물 위주의 원 푸드 다이어트를 하면 단백질이나 지방 등 가슴을 유지하는 데 필요한 영양소가 부족하기 때문에 가슴이 줄어들 수밖에 없습니다. 굶는 다이어트는 체형을 망가뜨리는 지름길입니다. 요요현상을 겪을수록 줄어든 가슴은 그대로인 채 복부와 허벅지 등에 체지방이 쌓입니다. 더욱더 체형이 망가지는 것이죠.

가슴의 크기를 100% 유지하면서 살을 빼는 방법은 없습니다. 가슴을 최대한 유지하는 것이 목표입니다. 원 푸드 다이어트처럼 굶는 다이어트는 무조건 피해야 합니다. 결론은 근력운동입니다. 근력운동을 하면 가슴을 더 크게 해주지는 못하지만, 가슴근육 손실을 최소화해 가슴이 작아지거나 처지는 것을 막을 수 있습니다. 많은 종류의 운동 중에 팔 굽혀펴기나 벽 밀기 등의 가슴근육 강화 운동이 효과적입니다.

굶으면 스트레스에 민감해진다

스트레스에 민감해진 여성들은 감정 중추가 동요되기 쉽고 이와 연관된
식욕 중추인 시상하부가 활성화되면서 가짜 식욕을 느낀다.

먹는 것을 줄여 다이어트를 하다 보면 사소한 일에도 스트레스를 받기 쉽다. 혈당이 떨어지면 스트레스 호르몬이 분비되면서 작은 일에도 쉽게 짜증이 난다. 평소에는 아무렇지도 않게 받아들이던 일들도 민감한 자극으로 다가와 스트레스가 되기도 한다. 굶으면 우리 몸이 비상 상황을 선포하고 생존을 위해 온몸의 감각을 곤두세우는 탓이다. 이처럼 스트레스에 취약해지므로 곧잘 폭식으로 이어진다.

스트레스를 받으면 남성은 식욕이 떨어지는 데 반해 여성은 오히려 많이 먹는 경우가 많다. 이는 남녀의 뇌 차이 때문이다. 뇌의 시상하부에 식욕 중추가 있는데, 시상하부는 감정을 조절하는 뇌의 부위와 매우 가깝게 위치하고 긴밀하게 연결돼 있다. 여성들은 남성보다 감정적인 동요에 민감해서 스트레스에도 더 예민하게 반응한다. 스트레스에 민감해진 여성들은 감정 중추가 동요되기 쉽고 이와 연관된 식욕 중추인 시상하부가 활성화되면서 가짜 식욕을 느낀다. 배가 고프지 않은데도 감정적인 동요로 먹고 싶은 욕구가 생기는 것이다.

폭식하는 사람들 대부분이 내재된 스트레스를 푸는 방법을 모르는 경우가 많다. 인생의 해답과 재미를 실생활에서 찾지 못하는 데서 오는 허전함을 먹는 것으로 해결한다. 적당한 스트레스는 생활의 활력소다. 아무런 자극이 없는 삶은 단조로움에 더 힘들다. 적당한 자극과 변화가 있어야 삶에 활력이 생긴다. 외부의 자극이 스트레스가 되느냐는 개인이 그 자극을 어떻게 받아들이느냐에 달렸다. 사건 자체보다는 대처 능력과 자세에 따라 스트레스의 강도가 달라진다는 얘기다. 마음을 다스리면 인생이 풀린다. 하지만 굶으면서 다이어트를 하는 사람은 매우 민감한 상태여서 효과적으로 스트레스에 대처하기가 어렵다. 급기야 쌓인 스트레스를 폭식으로 풀게 된다.

이충헌 기자의 친절한 Q&A

Q 가슴을 예쁘게 해 주거나 크게 해주는 운동이 있을까요?

A 가슴 운동을 하면 가슴이 커질까요? 결론적으로 얘기하면 아닙니다. 가슴근육을 강화하는 운동은 가슴의 크기를 유지하는 데 도움이 될지 몰라도 가슴을 크게 해주지는 못합니다. 여성의 유방은 대부분 지방과 유선 조직으로 되어 있습니다. 유방은 가슴근육 위에 거의 떠 있는 상태이므로 가슴근육이 유방의 모양이나 크기에 영향을 미치기는 힘듭니다. 따라서 가슴 운동을 해도 가슴이 모아지거나 커지지는 않습니다. 다만, 푸시업을 많이 하면 쇄골 밑에 있는 소흉근이 발달하면서 가슴이 업 되는 효과가 있습니다. 또 옆에서 봤을 때 가슴이 커 보이기도 합니다.

가슴이 예쁘게 보이는데 도움을 주는 운동이 있습니다. 바로 등 근육 강화운동입니다. 여성들은 어깨가 앞으로 굽어있는 경우가 많습니다. 이런 자세는 가슴이 쳐져 보이기 쉽습니다. 어깨를 펴면 자연스럽게 가슴이 펴지면서 가슴이 예뻐 보입니다. 등 근육이 어깨를 뒤로 잡아당겨야 어깨가 굽지 않고 가슴이 펴집니다. 예쁜 가슴을 만들고 싶다면 등 근육을 강화하세요. 등 근육은 상당히 큰 근육이기 때문에 잘 단련시키면 대사율을 높이는 데도 큰 도움이 됩니다.

다이어트 스트레스 다스리기

기대를 어느 정도 낮추는 것이
현실적으로 스트레스를 덜 받는 한 방법이다.

일반적으로 스트레스에 대처하는 방법은 다음과 같다. 일단 기대가 높은 사람은 현재 자신의 상황에 대해 만족하지 못하는 경우가 많아 스트레스를 많이 받는다. 자신이 바라는 이상적인 상태와 현재 자신이 처해 있는 상황의 차이가 그 사람의 자존감을 결정한다. 차이가 클수록 자존감이 떨어지고 스트레스를 많이 받는다. 그렇다고 자신이 처해 있는 현실을 극적으로 바꾸기는 쉽지 않다. 따라서 기대를 어느 정도 낮추는 것이 현실적으로 스트레스를 덜 받는 한 방법이다.

화나는 일이 있을 땐 즉각적으로 반응하기보다는 일단 10분 정도 참아보자. 이렇게 하면 격렬한 감정이 밀려오다 정점을 지나 조금씩 사라지는 것을 느낄 수 있다. 화를 내는 이유는 내 감정이 상했다는 것을 상대방에게 알리기 위해서다. 감정을 분출해 쏟아내는 게 화를 내는 목적이 아니다. 격렬한 감정을 쏟아내면 화가 풀리기보다는 오히려 자신에게 심한 스트레스로 다가온다. 그래서 폭발적으로 화를 내기보다는 조금 기다렸다가 마음이 가라앉으면 상대방에게 확실한 메시지를 전달하는 편이 낫다.

평소 스트레스 해소를 위한 취미생활을 갖는 게 좋다. 굳이 규칙적인 운동은 아니더라도 가볍게 등산을 하거나 클럽에 가서 춤을 추는 등 즐길 수 있는 활동이 있어야 한다. 주위에 어울릴 수 있는 사람도 많이 만들자. 대화를 통해 상대방의 공감을 얻는 순간 가슴이 뻥 뚫리는 느낌을 받을 수 있다.

하지만 자신의 내면을 들여다보는 훈련에 익숙하지 않은 젊은 여성들이 이런 방법을 통해 스트레스에서 벗어나기는 쉽지 않다. 그만큼 끊이지 않는 가짜 식욕의 유혹에서 도망치기가 어렵다. 따라서 의도적으로 습관이나 행동을 바꾸는 것이 더 효과적일 수도 있다.

양을 줄이는 다이어트는 지양해야 하지만, 음식의 종류를 바꿔 전체 열량 섭취를 줄이는 다이어트는 운동과 함께 꼭 필요하다. 이때 식사일기를 써보자. 식사일기를 쓰면 폭식 성향이라든가 스트레스에 의해 자주 먹는 음식, 생리주기와 연관된 식사습관의 변화 등을 알 수 있다. 변화는 자신의 행동을 잘 살펴보는 것에서부터 시작된다. 자신의 모습을 알게 되면 자연스럽게 행동도 변한다. 먼저 눈에 띄는 곳에 있는 음식은 치운다. 특히 달콤한 과자나 빵 등은 눈에 보이면 그 유혹을 벗어나기 어렵다. 평소 물을 하루 2ℓ 이상 충분히 마시고, 자신의 일에 열중하는 것도 필요하다. 그래도 단것이 당긴다면 레몬 같은 신 음식을 먹는다. 신 음식은 단것에 대한 욕구를 줄여준다. 단것을 먹어야겠다면 카카오 함량이 70% 이상 함유된 다크 초콜릿을 권한다. 다크 초콜릿에는 당분이 적고, 몸에 좋은 폴리페놀 성분이 많이 함유돼 있다. 단백질 함량이 높고, 당지수가 낮아서 밀크 초콜릿보다 포만감이 크다. 밀크 초콜릿은 혀끝에서 녹는 달콤함 때문에 한 개만 먹고 멈추기 어렵다. 이와 달리 다크 초콜릿은 한두 개로 끝낼 수가 있다.

마지막으로 다이어트 휴일을 선포해 보자. 일주일간 다이어트를 잘 했다면 일주일의 하루 점심 정도는 그동안 가장 먹고 싶었던 음식 한 종류를 골라 충분히 먹는다. 일주일에 한 끼 잘 먹는다고 절대로 살이 찌지 않는다. 먹은 것이 체지방으로 바뀌려면 적어도 2~3주가 걸린다. 일주일간 다이어트를 잘 실천한 자신을 칭찬하는 의미도 있다.

✻ 간단하게 쓰는 식사일기
⟨2012년 4월 30일⟩

식사	시간	어디서 먹었니?	어떤 음식, 얼마만큼 먹었어?	누구랑	기분이 어때?
아침	6시	집에서	바나나 한 개, 우유 한 잔	나 혼자	아침에는 바나나와 우유가 딱 좋아
점심	12시	회사 사무실	짜장면 한 그릇, 군만두 3개	직원들과 함께	너무 많이 먹어서 배 터질 것 같아
저녁	8시	카레 전문점	치킨 카레 1인분	친구랑	평소 보다 많이 먹어서 걱정 걱정 T^T
간식					

✻ 더 간단하게 쓰는 식사일기
⟨2012년 4월 30일⟩

	아침	간식	점심	간식	저녁	야식(술+안주)
식사 여부	○	○	○	○	×	○
식사 시간	7시	10시	12시	4시		8시 ~ 11시
음식	바나나 한 개	아메리카노	비빔밥 반공기, 김치, 미역국	초콜릿 2조각		소세지와 마른 오징어
음료	우유 한 잔	레귤러 사이즈 한 잔	물			맥주 500ml 두 잔
과식	×	×	×	×		○

※주의 사항
• 절대로 칼로리 계산을 하지 말자. 칼로리를 계산하는 순간 다이어트는 스트레스가 되고 식사일기 자체가 일이 되어 버린다.
• 식사일기는 나의 폭식 성향, 스트레스 받을 때 자주 먹는 음식, 생리주기와 연관된 식사 습관의 변화 등 나를 살펴보는 것이 목표다.
• 나의 식사습관을 알아야 다이어트에 성공할 수 있기 때문에 정직하게 쓰자.

PART 02

체중은
숫자에 불과하다

체지방, 제대로 알아야 빠진다

체지방을 줄인다는 것은 지방세포를 제거하는 것이 아니라
지방세포의 크기를 작게 만드는 것을 의미한다.

체지방은 지방산과 글리세롤이 결합한 중성지방 형태로 몸에 쌓인 지방이다. 신체에 저장된 지방을 총칭해서 체지방이라고 한다. 체지방은 신경이나 골수, 심장, 뇌 등에 있으면서 생리 기능을 담당하는 필수지방과 지방세포에 저장된 저장지방으로 나뉜다. 우리가 흔히 얘기하는 체지방은 이 저장지방이다. 저장지방은 피부밑 피하지방에 가장 많이 분포해 있고, 내장 사이사이에 끼어 있는 내장지방도 저장지방이다.

체지방이 무조건 나쁜 것은 아니다. 체지방은 우리 몸에서 생명 유지에 매우 중요한 역할을 담당한다. 우선은 체온 조절에 중추적인 역할을 한다. 피하지방은 체온 손실을 막는 단열재 기능을 한다. 또 더울 때는 외부 기온이 몸 안으로 전달되는 것을 막아 정상적인 체온을 유지하게 한다. 여성에서 체지방은 남성호르몬을 여성호르몬으로 전환하는 역할을 해 정상적인 생식기능에 매우 중요하다. 내장 사이에 낀 내장지방은 장기 사이의 완충작용을 한다. 문제는 체지방이 과다할 때다. 체지방이 많으면 건강에 해롭다. 내장지방 등에서 나오는 해로운 물질이 혈관에 염증을 일으키고 동맥경화를 악화시켜 심혈관 질환의 위험을 높인다. 체지방은 몸매를 망쳐 매력을 반감시킨다. 체지방이 쌓이면 두부처럼 살이 늘어져 몸매가 망가진다.

체중에서 전체 지방이 차지하는 양을 나타내는 수치가 체지방률이다. 성인 남성은 15~20%, 여성은 20~25%를 정상적인 범위로 본다. 겉으로는 말라 보여도 옷으로 가려져 보이지 않는 곳에 살이 찐 사람은 의외로 체지방률이 높을 가능성이 있다.

우리 몸의 지방세포 수는 250~300억 개 정도이다. 지름은 1만 분의 1㎜다. 지방세포의 가장 큰 역할은 지방을 저장하는 것이다. 저장된 지방은 나중에 필요할 때 쓰이는 에너지원의 역할을 한다. 지방세포에 지방이 축적되면서 살이 찐다. 한 개당 천만 분의 75g 정도의 지방을 저장할 수 있다. 체지방이 늘어난다는 것은 지방세포에 지방이 쌓여 지방세포가 커지는 것을 의미한다. 지방세포는 지방을 저장하는 창고와 같다. 지방세포의 크기가 비만의 정도와 직결된다. 지방세포의 크기가 커질수록 더 뚱뚱해지는 것이다. 지방세포는 가장 작을 때에 비해 6배가량 커진다. 반대로 살이 빠질 때는 지방세포의 크기가 줄어든다. 체지방을 줄인다는 것은 지방세포를 제거하는 것이 아니라 지방세포의 크기를 작게 만드는 것을 의미한다. 지방세포 대부분은 복부나 허벅지의 피하조직, 내장 주위의 지방조직에 있다. 그래서 뚱뚱해지면 복부와 허벅지의 피하지방이 두꺼워지고 배가 나온다.

우리 조상들은 기아에 잘 적응했다. 먹을 것이 항상 부족했기 때문이다. 아침에 잠에서 깨면 사냥을 나가거나 과일이나 채소를 채집했다. 하지만 항상 물고기나 짐승이 잘 잡혔던 것은 아니었다. 그래서 하루 세끼를 먹는 것은 꿈조차 꿀 수 없는 일이었다. 한 끼도 배불리 먹지 못한 채 며칠을 지내는 날이 허다했다. 버티려면 한번 먹을 때 최대한 많이 먹어야 했고, 먹은 것을 저장하는 능력이 필요했다. 그래서 우리 조상은 기아에 대비해 열량을 보존하는 유전자를 발전시켜 왔다. 열량을 저장하는 능력이 떨어지는 조상들은 진화에서 도태될 수밖에 없었다.

열량을 보존하는데 가장 대표적인 형태가 지방이다. 지방은 탄수화물이나 단백질보다 두 배 이상의 열량을 생산한다. 탄수화물은 일상에서 쓰이는 에너지원으로, 단백질은 우리 몸의 구성 성분으로 쓰인다. 그러나 체지방의 역할은 다르다. 체지방은 우리 몸의 비상식량이다. 우리 몸엔 15~20kg의 체지방, 즉 비상식량이 존재한다. 에너지로 계산해보면 135,000~180,000kcal 정도의 열량이 비상시에 대비해 저장되어 있는 셈이다. 인간이 생명을 유지하는 데 필요한 최소한의 에너지는 하루 1,200kcal 정도다. 기초대사량으로 140일분의 에너지가 체지방으로 비축되어 있는 것이다.

이충헌 기자의 친절한 Q&A

Q "살을 자주 꼬집으면 살이 빠진다"는 말이 있는데, 사실인가요?

A 아닙니다. 피하지방에 자극을 준다고 지방이 빠지는 것은 아닙니다. 자칫 피하지방에 손상을 주면 섬유조직까지 생겨 딱딱해지기 때문에 오히려 지방 분해가 잘 안 됩니다. 피하지방을 줄이는 데 중요한 것이 지방 분해인데, 이것이 방해되는 것이죠. 에너지 섭취를 줄이거나 운동으로 에너지 소비를 늘려야만 체지방을 줄일 수 있습니다. 살을 꼬집는 것은 물론 아미노필린 등의 약물을 지방에 주입해 지방을 분해하는 것도 효과는 미지수입니다.

체지방에 더 취약한 여성

하체는 지방을 축적하는 경향이 있는데
그 이유는 여성의 하체가 지방을 저장하기 쉬운 곳이기 때문이다.

여성은 남성보다 체지방이 많다. 그리고 체지방을 더 많이 축적한다. 남성보다 평균 1.5배나 많은 체지방을 보유하고 있다. 남성의 몸에는 260억 개의 지방세포가 있는 반면, 여성의 몸에는 350억 개의 지방세포가 존재한다. 비만도 여성은 피하지방형이 많고 남성은 내장지방형이 많다. 여성은 전신의 피하지방이 두꺼워지는 데 비해 남성은 주로 배가 나온다. 남성이 상체에 지방을 축적하는 경향을 보인다면 여성은 허벅지, 배, 엉덩이에 체지방이 잘 쌓인다. 많은 여성이 복부와 허벅지를 가장 고민하는 이유가 여기에 있다.

지방세포의 표면에는 지방이 드나드는 문이 있고 그 옆에 수용체가 붙어있다. 수용체는 두 종류다. 알파 2 수용체와 베타 수용체가 그것이다. 알파 수용체에 불이 들어오면 지방이 지방세포에 들어와 쌓인다. 베타 수용체가 켜지면 지방이 지방세포 밖으로 방출돼 에너지원으로 쓰인다. 여성의 하체에는 상체보다 지방을 축적하는 알파 2 수용체가 훨씬 많다. 그래서 하체는 지방을 축적하는 경향이 있는데 그 이유는 여성의 하체가 지방을 저장하기 쉬운 곳이기 때문이다. 그만큼 여성의 하체 비만 해결은 어렵다.

여성은 지방을 분해하는 '리파아제'의 활동이 복부 피하지방에서는 활발하지만 엉덩이와 허벅지의 피하지방에서는 억제되는 경향이 있다. 사춘기 이후 여성에서 엉덩이와 허벅지의 피하지방이 늘어나는 것은 이 때문이다. 여성은 난소에서 '프로게스테론'이라는 호르몬이 분비된다. 프로게스테론이 하체의 리파아제 활동을 방해해 지방 분해를 억제한다. 이 때문에 사춘기가 시작되면 여성은 엉덩이가 발달한다. 프로게스테론은 상체에서는 반대 작용을 한다. 리파아제를 활성화해 지방이 쌓이지 않도록 하는 것이다. 결국, 상체의 지방이 하체로 이동해 하체 비만을 유발하고 여성들의 골칫거리가 이때부터 생긴다. 폐경기가 되면 프로게스테론의 분비가 줄면서 하체보다는 복부에 지방이 집중된다. 여성도 폐경기 이후엔 배가 많이 나오는 이유다.

사춘기까지는 남녀의 체지방량에 별로 차이가 없다. 사춘기 이후 남녀 모두 체지방이 증가하지만, 여성의 체지방량 증가가 더 두드러진다. 임신과 출산에 적합한 여성으로서의 몸을 만들기 위해서다. 체지방량이 체중의 17%에 못 미칠 경우 생리가 지연될 수 있다. 체지방량이 체중의 10~13% 이하가 되면 생리가 멈춘다. 거식증에 빠질 정도로 심한 다이어트를 해 체중이 급격히 줄면 생리가 끊어지는 여성들이 있다. 여성도 남성호르몬인 '안드로겐'이 있다. 정상적인 생리 주기를 갖기 위해서는 이 안드로겐의 활성을 억제해야 한다. 이 역할을 담당하는 것이 바로 체지방이다. 체지방은 안드로겐을 여성호르몬인 에스트로겐으로 전환하는 역할을 한다.

나이가 들면서 체지방량은 계속 증가한다. 사춘기 남성의 체지방은 6kg, 여성은 7kg 정도다. 중년의 경우 체지방이 많이 붙어 남성은 10kg, 여성은 12kg까지 늘어난다. 사춘기보다 두 배가량 늘어나는 것이다. 체지방은 계속 늘어 60세 이후 체지방량이 남성은 15kg, 여성은 평균 17kg이나 된다. 나이가 들면 근육이 없어지면서 그 자리를 지방이 채운다. 근육은 에너지를 연소하는 보일러 역할을 하는데, 보일러의 효율이 줄면 남는 에너지는 족족 체지방으로 쌓인다.

임신하면 체지방은 더 늘어난다. 지방은 태아가 자라는 데 필요한 제1의 에너지원으로 태아에게 영양분을 공급한다. 따라서 모체는 최대한 지방을 축적하려 든다. 이 때문에 식욕을 촉진하는 호르몬인 프로게스테론이 다량 분비된다. 임신 기간 내내 분비되는 프로게스테론 때문에 임신을 하면 뭔가를 자꾸 먹고 싶어지는 것이다. 지방세포의 수 또한 빠르게 증가한다. 수백만 개의 새로운 지방세포가 만들어지고 그중 대부분은 곧장 문제 부위로 향한다. 출산은 체지방 감소를 더 어렵게 만든다. 임신 기간 신체의 일부는 팽창하고 어떤 부위는 늘어나면서 처진다. 놀라운 속도로 지방세포가 증가하고 신진대사가 느려져 신체의 균형이 무너진다. 이런 변화는 임신을 거듭할수록 심해져 아이를 두세 명 낳고 나면 불어난 몸을 원 상태로 회복하기가 더 어려워진다.

이충헌 기자의 친절한 Q&A

Q "부은 살을 방치하면 결국 살이 된다"는 말은 맞는 말인가요?

A 대부분은 틀린 말입니다. 남는 에너지는 체지방으로 바뀌어 저장됩니다. 필요한 에너지가 외부에서 공급되지 않으면 식사 3시간 이후부터는 지방이 에너지원으로 쓰입니다. 부은 살은 말 그대로 수분이 축적된 상태입니다. 수분 섭취를 제한하면 금세 부기는 빠집니다. 부은 살을 방치하면 살이 된다는 말은 많이 먹거나 운동이 부족해 열량 소비를 제때 하지 못하는 사람들을 두고 하는 말로 보입니다. 이런 사람들은 체지방이 계속 축적되고, 점점 피하지방이 두꺼워져 부은 살이 살로 가는 것처럼 보일 수 있습니다.

살이 아닌 라인이 문제다

허리가 가늘고 허벅지보다 종아리가 길어 보여야 멋진 몸매일까?

여성들은 날씬하고 마른 몸매를 만들기 위해 다이어트를 한다. 좁은 어깨와 잘록한 허리, 가느다란 허벅지는 모든 여성의 '로망'이다. 변신을 꿈꾸는 많은 여성이 허기진 배를 쥐고 트레드밀 위에서 땀을 쏟는다. 그런데 정말 허리가 가늘고 허벅지보다 종아리가 길어 보여야 멋진 몸매일까? 여성들은 이런 몸매를 원하는지 모르겠지만, 남성들의 '로망'은 아니다. 앙상하게 마른 몸매는 섹시하기보다는 안타까움을 자아낸다. 멋지게 느껴지기는커녕 안됐다는 생각이 든다. 그런데도 많은 여성이 무조건 말라 보이려고 애쓴다. 팔뚝 살을 빼고 허벅지를 줄이는 것을 지상 최대의 과제처럼 여긴다. 대다수 남성은 풍만하면서도 탄력이 있는 몸매를 더 선호한다. 비쩍 마른 몸보다는 건강미가 넘치는 여성을 더 좋아하는 것이다.

여성의 몸은 시대의 요구를 반영한다. 오스트리아 빌렌도르프 근교의 팔레오세 지층에서 발견된 비너스상은 2만 년 전 구석기 시대의 유물이다. 11cm 크기의 작은 여성상은 가슴이 터질 것 같이 크고, 임신부처럼 배가 불룩 나와 있다. 커다란 엉덩이는 체지방이 풍부해 보이고 다리는 몸을 지탱하기 어려울 만큼 작달막하다.

이 비너스상은 다산과 풍요를 기원하는 당시 사람들의 마음을 표현했다. 고대 선사시대에는 거의 모든 경제활동이 사람의 손을 통해 이뤄졌다. 사람이 많을수록 경제적으로 풍요로울 수 있었던 것이다. 그래서 당시 여성들에게 요구된 것은 다산이었다. 가장 아름다운 여인은 출산과 수유에 적합한 몸을 가진 여성이었고 잘 먹어서 뚱뚱한 여성은 아기를 많이 낳을 수 있는 이상적인 모습이었다.

중세를 거쳐 근대에 이르기까지 깡마른 몸매보다는 풍성한 외모가 여성미를 대표했다. 날씬한 여성보다는 풍만하고 건강미가 흐르는 여성이 부러움의 대상이었다. 전쟁과 흉년이 거듭되면서 음식을 자유롭게 먹을 수 있는 것 자체가 부와 권력의 상징이었다. 상류층 여성들은 권력을 과시하기 위해 고열량의 음식을 골라서 섭취했고, 먹고 토하는 행동을 반복하면서까지 줄기차게 먹어댔다. 이런 행동은 가난한 집 여성과 자신을 구별 짓는 일종의 사회적 상징이었다. 근세까지 여성의 비만은 사회적으로 높은 지위를 상징했다.

산업혁명 이후 상류층의 이런 과시욕은 주춤한다. 생산성의 향상으로 먹을거리가 풍부해지면서 과거 귀족들만큼 잘 먹을 수 있는 새로운 계층이 탄생했기 때문이다. 표준 체중이 늘어나기 시작하자 그토록 먹어대던 상류층 여성들은 귀한 재료로 만든 맛있는 음식을 가려 먹기 시작한다. 새로운 상류층의 문화가 시작된 것이다. 이때부터 상류층 여성들의 몸은 상대적으로 날씬해지기 시작한다.

19세기에 들어서면서 날씬한 여성의 몸은 또 다른 상징이 된다. 능력 있는 남편 곁에서 보호받는 여성으로서 말이다. 돈과 권력을 가진 남편에게 연약한 몸을 기대고 가사 일에 충실한 여성이 그 시대의 여성상이었던 것이다.

우리나라는 어떨까? 조선 시대는 물론이고 보릿고개가 있었던 1960년대까지만 해도 동그란 얼굴에 작은 이목구비, 통통한 볼살, 오동통한 몸을 가진 여성이 환영받았다. 둥글둥글하고 오동통하게 생겨야 복 있는 얼굴이라고 반겼고, 아랫배가 푸짐해야 며느릿감으로 환영받았다.

그러나 한국전쟁 이후 미국과의 접촉이 잦아지고 텔레비전이 보급되면서 미인상이 바뀐다. 동글납작한 동양미인 대신 갸름한 얼굴에 큼직한 이목구비, 날씬한 서구형 몸매가 미인의 자리를 차지하게 된 것이다. 이런 흐름은 1957년에 시작되어 지금까지 이어져 오는 미스

코리아 선발대회에 반영된다. 1986년 아시안 게임, 1988년 서울 올림픽을 거치면서 서구형 미인상이 사람들의 머릿속에 자리 잡는다. 긴 다리와 탄력 있는 몸매를 가진 스포츠 스타들을 보면서 사람들의 눈이 바뀐 것이다. 얼굴에 초점을 맞추다가 이때부터 몸매로 관심이 옮겨간다. 서양 여성들의 날씬한 몸매를 선호하게 된 것이다.

왜 여성들은 날씬한 몸매를 원할까? 무엇보다 대중매체의 영향이 크다. 텔레비전이나 영화 속에 나오는 커리어우먼들은 대부분 세련된 외모에 늘씬한 몸매를 갖고 있다. 요즘 여성들에겐 사랑과 결혼만큼 사회적 성취도 중요하다. 날씬한 외모는 사회 경제적 능력까지 상징한다. 능력을 인정받고자 하는 여성은 날씬한 몸매를 유지해야 한다는 사회적 압력에 시달리고 있는 것이다.

무조건 허리는 가늘고 엉덩이는 크고 허벅지가 얇아야 멋진 몸일까? 이런 몸매는 마르다 못해 앙상하게 보일 때가 있다. 진짜 멋진 몸매는 탄력이 넘치고 군살이 없어 옷을 입었을 때 맵시가 한껏 사는 것이다. 살집이 조금 있더라도 전체적으로 균형 잡힌 몸매라면 옷을 입을 때 한껏 멋을 살릴 수 있다. 단순히 살을 빼는 게 다이어트가 아니다. 적절한 운동과 식이요법을 통해 균형 잡힌 몸, 건강한 몸, 탄력 있는 몸을 만드는 것이 다이어트의 목표다. 이렇게 된다면 굳이 마르지 않더라도 여성으로서의 매력을 한껏 살릴 수 있다.

"벌써 몇 달째 저녁을 안 먹고 동네를 걷거나 뛰고 있는데, 살이 제법 빠졌습니다. 그런데 안 예쁘게 빠진 것 같아요. 얼굴 살만 홀쭉하고, 팔도 말랐는데 뱃살은 그만그만하고 허벅지와 종아리는 더 뚱뚱해 보여요. 몸매가 예뻐지게 살을 골고루 뺄 방법은 없나요?"

있다! 바로 근력운동이다.

문제는 살이 아니라 라인이다. 굳이 살을 빼지 않아도 라인만 살아 있으면 얼마든지 예쁘고 섹시하게 보일 수 있다. 굶으면 체중은 금세 줄어든다. 하지만 살이 빠져도 옆구리와 허벅지에 붙은 군살은 그대로인 경우가 많다. 더군다나 다시 먹기 시작하면 요요현상으로 몸매는 더 망가진다. 다행히 여성들의 딜레마를 영구적으로 해결할 방법이 있다. 바로 근력운동이다. 쫄쫄 굶지 말고 조금만 시간을 투자해 근력운동을 하자. 원치 않는 부위의 체지방을 없애 간절히 원하던 몸매를 만들 수 있다. 굶지 않아도 허벅지 크기가 줄고 복사근이 허리를 잡아 줘 허리 라인이 생긴다. 엉덩이 근육이 올라붙으면서 엉덩이도 섹시해진다. 몇 주가 지나면 몸에 나타나는 변화를 실감할 수 있다. 몸에 탄력이 생기고 옷 사이즈가 줄어든다. 몇 달 후면 체지방이 사라진 자리를 탄력 있는 근육이 채운다. 근력운동을 하면 몸에 보정속옷을 입힌 효과가 나타난다. 허리가 잘록해지도록 잡아주는 근육, 뱃살이 나오지 않게 잡아주는 근육, 허벅지가 탄탄해 보이게 하는 근육 등이 몸의 윤곽을 잡아준다. 내 몸에 꼭 맞는 맞춤 보정속옷을 입혀나가는 게 근력운동의 효과다. 더군다나 근력운동으로 근육이 늘어나면 기초대사량이 늘면서 더 이상 살이 찌지 않는 체질로 바뀐다. 몸 자체가 '리셋'되는 것이다. 그러니 운동화 끈을 동여매고 운동복으로 갈아입자. 여러분의 눈부신 몸매가 바로 눈앞에 있다.

이충헌 기자의 친절한 Q&A

Q "단단한 살은 물렁물렁한 살보다 잘 안 빠진다"는 말이 있습니다. 팔뚝과 같은 곳은 한번 단단하게 찌게 되면 빼기가 매우 힘들다고 하는데…… 사실인가요?

A 그런 측면이 있습니다. 살이 단단하다는 것은 피하지방이 급격히, 그리고 많이 축적되었다는 것을 의미합니다. 살이 단단한 사람은 단위 면적당 체지방의 양이 많습니다. 물렁물렁한 살보다는 단단한 살이 피하지방을 없애는데 더 오래 걸리는 것입니다. 근육이 많은 사람도 더 단단하게 느껴집니다. 운동을 안 하면 근육이 줄어들기는 하지만, 근육은 글리코겐과 체지방이 에너지원으로 사용된 뒤 맨 나중에 에너지원으로 이용됩니다. 특정 부위의 근육을 일부러 빼려고 해도 어려운 이유가 여기에 있습니다. 아울러 오랜 시간에 걸쳐 체지방이 축적된 사람은 지방 분해 자체가 잘 안됩니다. 단단한 살이 잘 안 빠진다고 느껴지는 것은 타당한 측면이 있습니다.

60kg인 몸무게를 52kg까지 빼겠다는 목표를 세울게 아니라
66사이즈를 55사이즈로 줄이겠다고 마음먹어라.

　다이어트의 핵심은 체중이 아닌 체지방을 빼는 것이다. 먹는 것을 줄이는 다이어트를 하면 경우에 따라 몇 주 만에 5kg이 빠지기도 하지만 그렇다고 좋아할 것 하나 없다. 이것은 체지방이 아닌 수분과 저장된 탄수화물이 줄어든 것이기 때문이다. 우리 몸속에는 탄수화물을 쌓아두는 창고가 두 군데 있다. 간과 근육이 그곳이다. 에너지원으로 소비하고 남은 탄수화물은 저장 당분인 '글리코겐'의 형태로 간과 근육 속에 저장된다. 굶거나 운동을 할 때면 먼저 저장된 글리코겐을 분해해 에너지원으로 사용한다. 그래서 먹는 양을 줄이면 글리코겐 저장고가 먼저 빈다. 탄수화물은 저장될 때 자기보다 세 배 많은 물과 함께 저장된다. 굶었을 때 체중 감소가 빨리 일어나는 이유는 저장된 글리코겐과 함께 세 배나 많은 이 수분이 빠져나갔기 때문이다. 정작 중요한 체지방은 그대로 둔 채 말이다.

　20대 여성이 갑자기 허리 통증이 심해져 병원을 찾았다. 다이어트를 통해 4kg을 감량한 뒤였다. 이 여성은 158cm의 키에 46kg으로 마른 편이었지만, 최근 배가 좀 나온 것 같아 다이어트를 시작했다. 운동을 별로 좋아하지 않아 가장 간단한 굶기를 선택했다.

　다이어트를 시작하면서 아침은 사과 반쪽으로 가볍게 때웠다. 점심땐 도시락으로 닭 가슴살과 샐러드를 먹었다. 그나마 제대로 먹은 건 점심뿐이었다. 저녁은 달걀흰자 몇 개만 먹거나 건너뛰기 일쑤였다. 허기진 배를 달래며 다이어트를 지속한지 한 달째, 몸무게는 4kg이 줄었다. 그런데 이때부터 갑자기 허리가 아프기 시작했다. 체성분을 분석해보니 지방은 상대적으로 많은 데 비해 근육이 턱없이 부족했다. 다이어트를 통해 그나마 남아있던 허리 근육이 줄면서 요통이 생긴 것이다. 허리 근육은 디스크에 가해지는 하중을 분산시키는 역할을 하기 때문에 근육이 없으면 디스크 압력이 증가해 요통이 생긴다. 체중이 42kg밖에 나가지 않았지만, 몸무게에 비해 전혀 날씬해 보이지도 않았다. 팔다리만 가늘 뿐 아랫배가 나왔고 피부도 탄력이 떨어져 나이에 비해 더 들어 보였다. 이른바 마른 비만 상태였다.

여성들에게 48kg은 꿈의 숫자다. 웬만한 여성 연예인들의 프로필을 보면 키에 상관없이 체중이 48kg 근처다. 다이어트를 시작하면 여성들은 몸무게에 매우 민감해진다. 아침, 저녁으로 체중계에 올라가 눈금 변화에 일희일비한다.

왜 다이어트를 하는가? 건강하고 날씬해 보이기 위해서가 아닌가? 몸무게는 식사하거나 물을 마시기만 해도 하루에 1~2kg씩 변한다. 몸에서 수분이 빠져 1kg이 줄었다고 해도 날씬해 보이지는 않는다. 체중이 1kg 빠지는 것보다 허리둘레가 1cm 줄어든 상태가 훨씬 보기에 좋다. 몸무게가 중요한 게 아니다. 같은 몸무게라도 체형은 전혀 다를 수 있다. 같은 52kg이라고 해도 통통해 보이는 사람이 있는가 하면 탄탄하고 날씬해 보이는 사람이 있다. 몸무게가 그 사람의 체형을 결정짓는 것이 아니기 때문이다.

그럼 무엇이 이런 차이를 만드는 것일까? 우리 몸을 구성하는 성분 중 근육과 지방의 비율이 몸매를 결정짓는다. 같은 몸무게라도 지방과 근육의 비율에 따라 더 뚱뚱해 보일 수도, 더 날씬해 보일 수도 있다. 근육과 지방의 부피가 다르기 때문이다. 근육은 지방보다 부피가 30%가량 적다. 근육이 많아 체중이 조금 나간다고 해도 날씬해 보일 수 있다는 얘기다. 다이어트의 목표는 체중 감량이 아닌 옷 사이즈를 줄이는 것으로 잡아야 한다. 60kg인 몸무게를 52kg까지 빼겠다는 목표를 세울게 아니라 66사이즈를 55사이즈로 줄이겠다고 마음먹어라. 건강한 다이어트를 통해 체지방을 빼고, 운동을 통해 근육량을 늘려가면 체중이 얼마 줄지 않아도 옷 사이즈가 한 치수 줄어든다.

근육은 지방보다 훨씬 밀도가 높고 양보다 무게가 많이 나간다. 골프공이 훨씬 큰 테니스공보다 무거운 것과 같은 이치다. 이 때문에 근육질 체형이 비만인 사람보다 체질량지수BMI가 더 높게 나오는 경우가 있다. 제대로 운동을 하면 체지방은 줄어드는 반면 새로 생긴 근육 때문에 몸무게가 더 늘어날 수도 있다.

체중계는 무시해라. 몸무게가 줄지 않아도 체지방이 빠지고 근육이 늘면 허리 주위가 넉넉해지고 옷이 헐렁해진다. 지방은 같은 무게의 근육보다 부피가 1.3배 더 크다. 근육은 대부분 수분으로 구성돼 있고, 지방은 기름 덩어리이기 때문이다. 이런 부피의 차이 때문에 몸무게가 같은 사람이라도 근육이 더 많은 사람이 탄탄하고 날씬해 보인다. 근력운동을 통해 지방이 줄고 근육이 늘면 몸집이 작아진다. 몸무게가 줄지 않아도 옷 사이즈가 줄어드는 이유다.

다이어트를 하다 보면 아무리 운동을 해도 체중이 줄지 않는 정체기를 경험하게 된다. 이때는 정말 불안해진다. 그런데 이 정체기야말로 몸의 사이즈가 줄어드는 바로 그 시점이다. 몸무게는 변하지 않아도 체지방이 줄면서 눈에 띄게 몸매가 달라진다. 혹시 체중이 몇백 그램 늘었다고 해도 절대 일희일비하지 말자. 체지방은 얼굴에서 빠지기 시작해 복부, 허벅지 등으로 내려간다. 턱선이 뚜렷해졌다면 체지방이 줄어들기 시작했다는 증거다. 그 상태로 꾸준히 운동하면 분명 살이 빠진다.

필자는 근력운동을 중심으로 유산소운동을 병행해 10개월 만에 12kg을 감량했다. 마치 수술로 온몸에서 체지방만 들어낸 것처럼 근육은 그대로인 채 체지방만 12kg이 줄었다. 오랜만에 만난 사람들이 전혀 몰라볼 정도로 체형이 바뀌었다. 옷 사이즈가 두 치수나 줄었다. 몸에 맞는 옷이 하나도 없어 돈이 좀 들지만, 행복한 고민일 따름이다. 더 중요한 것은 살이 찌지 않는 체질로 바뀌었다는 사실이다. 세 끼 잘 먹고 일주일이면 세 번 이상 저녁 술자리를 갖는데도 전혀 살이 찌지 않는다. 몸무게에는 아예 신경을 쓰지 않는다. 체중계에 올라가 본 게 언제인지 기억이 안 날 정도다. 옷이 끼지 않고 몸매에 변화가 없기 때문이다.

이충헌 기자의 친절한 Q&A

Q 몸무게는 빠졌는데, 몸매는 그대로인 것 같아요. 왜 그럴까요?

A 다이어트의 목표는 몸무게를 줄이는 게 아니라 체지방을 없애는 것입니다. 먹는 것을 줄이는 다이어트를 하면 당분으로 저장된 글리코겐이 에너지원으로 사용되고 우리 몸의 수분이 줄면서 체중이 빠집니다. 그런데 이때 빠진 것은 체지방이 아닙니다. 복부와 허리, 허벅지에 있는 체지방이 빠져야 몸매에 변화가 생깁니다. 더욱 중요한 것은 근육량을 유지해야 한다는 사실입니다. 근육량을 유지하고 체지방만 선택적으로 제거해야 탄탄하면서도 날씬한 몸매를 만들 수 있습니다. 근력운동을 해야 근육을 유지하고 체지방만 태울 수 있습니다. 이렇게 하면 체중에 큰 변화 없이도 더 날렵하고 탄탄한 몸매를 만들 수 있습니다.

부위별 살 빼는 운동은 없다

체지방은 온몸에서 빠진다. 다만 빠질 때 순서가 있다.

"20대 때는 안 그랬는데, 팔뚝에 살이 붙어서 몸에 딱 맞는 셔츠 같은 것은 팔이 안 맞아 불편합니다. 체중도 거의 그대로고요. 다른 부위는 괜찮은데 팔뚝에만 살이 붙어서 보기에 안 좋아요. 혹시 특정 부위만 살을 빼는 방법이 있을까요?"

"허리와 허벅지 쪽에 군살이 많아 이 부위만 집중적으로 빼고 싶어요. 이 부위만 집중적으로 운동하면 확실한 효과를 볼 수 있나요? 윗몸 일으키기 열심히 하면 정말 뱃살이 빠지나요?"

뱃살 빼기, 팔뚝 살 빼기, 허벅지 살 빼기…… 많은 여성이 허벅지, 팔뚝, 아랫배, 엉덩이 등 특정 부위의 살을 빼고 싶어 한다. 팔뚝 살을 빼기 위해 1kg 덤벨을 들고 열심히 팔뚝 운동을 한다. 뱃살을 뺀다고 열심히 윗몸일으키기를 한다. 윗몸일으키기나 복근을 단련시키는 크런치 운동을 많이 하면 뱃살이 빠질까? 다리를 들어 올리는 운동을 열심히 하면 허벅지의 군살이 빠질까?

불행히도 한 부위만 집중해 운동한다고 해서 그 부위의 지방만 빠지지는 않는다. 그런데도 많은 사람이 자신이 원하는 부위를 운동하면 그 부위의 살이 빠진다고 생각한다. 이는 흥미 유발을 위해 '부위별 운동으로 원하는 곳의 살을 뺀다'는 잘못된 정보를 소개한 미디어의 탓이 크다.

원하는 부위만 살을 뺄 수 있다면 얼마나 좋을까? 그렇다면 '저주받은 하체'로 고민하는 여성도 없을 것이다. 다시 강조하지만 마음먹은 대로 부위별 체지방량을 조절할 수는 없다. 과학적으로 증명된 부위별 살빼기 방법은 없다는 얘기다. 운동의 효과로 나타나는 체지방 감소는 몸 전체에서 일어난다. 제아무리 복근 운동을 열심히 한다고 해도 뱃살이 빠지지는 않는다. 실제로 한 달간 5,000번의 윗몸일으키기를 한 뒤, 몸의 부위별 지방 분포를 분석한 연구가 있었다. 결과는 뱃살만 빠진 게 아니라 등과 허벅지, 복부 지방이 모두 비슷하게 감소한 것으로 나타났다. 테니스 선수처럼 한쪽 팔을 주로 사용하는 경우에도 양팔의 지방량은 비슷하다. 물론 라켓을 잡는 쪽의 팔은 근육이 더 발달해 두껍지만, 지방량에는 차이가 없다.

　체지방은 온몸에서 빠진다. 다만 빠질 때 순서가 있다. 가장 먼저 살이 빠지는 곳은 얼굴이다. 얼굴에는 혈액순환이 많기 때문에 지방이 빨리 찌고, 더 빨리 빠진다. 그래서 다이어트를 시작해 얼굴이 핼쑥해지면 살이 빠지기 시작했다고 보면 된다. 복부도 체지방의 분해와 축적이 활발히 일어나는 곳이다. 다만 복강 내 공간이 넓어 체지방이 쌓이거나 없어져도 쉽게 느끼지 못할 뿐이다. 배가 나올 정도라면 이미 복강 내 공간을 꽉 채울 정도로 상당량의 체지방이 쌓였다는 것을 의미한다. 그래서 얼굴과 같은 정도로 체지방이 사라지고 있지만, 배가 들어가는 데는 시간이 더 걸린다. 아무리 운동을 해도 허벅지 살이 잘 안 빠진다고 하소연하는 여성들이 많다. 그 이유는 허벅지 살이 가장 나중에 빠지기 때문이다. 포기하지 않고 꾸준히 운동한다면 허벅지 살은 반드시 빠진다. 나도 운동을 시작한 뒤 6개월 정도 지나서야 허벅지 살이 빠졌다. 허리띠가 헐렁할 정도로 뱃살이 빠진 뒤다. 허벅지 둘레가 30%나 줄었다. 허벅지에는 온통 근육만 있는 줄 알았는데, 근육 사이사이에 낀 지방과 피하지방이 상당히 많았나 보다. 어쨌든 허벅지가 홀쭉해지면서 몸에 착 달라붙는 청바지를 즐겨 입게 됐다.

제대로 운동을 한다면 얼굴에서 살이 빠지기 시작해 복부, 상체, 하체 순으로 체지방이 빠진다. 어떤 운동이든 꾸준히 하면 체지방은 빠진다. 그런데 특정 부위를 집중적으로 움직인다고 해서 그 부위의 체지방만 빠지는 것은 아니다. 다른 부위의 지방이 같이 빠지면서 그 부위도 홀쭉해졌다고 느끼는 것이다.

원하는 부위의 지방을 줄이기 위해서는 그 부위를 집중적으로 운동하기보다는 전체 운동량을 늘리는 것이 더 효과적이다. 예컨대 팔의 지방을 빼고 싶다면 1kg짜리 덤벨로 팔뚝 운동을 하는 것보다 하체의 큰 근육을 단련하는 앉았다 일어나기스쿼트나 상체의 큰 근육을 단련하는 팔굽혀펴기가 더 효과적이다.

특정 부위의 살을 빼는 운동법은 없다. 이런 방법이 있다고 소개하는 것은 십중팔구 상술이다. 부위별 래핑, 지방 분해 크림, 경락마사지 등은 소비자를 현혹하기 위한 마케팅에 불과하다. 허벅지가 가늘어지기를 소망하는 여성들의 심리를 나쁘게 이용하는 것이다.

이충헌 기자의 친절한 Q&A

Q 마사지나 경락, 지압 등으로 살을 뺀다는 게 진짜 살이 빠지는 건가요?

A 과학적으로 근거가 없습니다. 마사지나 경락을 해 준다고 체지방이 분해돼 빠질까요? 그럴 수 있다면 좋겠지만, 체지방은 그렇게 쉽게 빠지지 않습니다. 체지방은 힘들게 운동을 해 태우거나 먹는 것을 줄여 에너지원으로 쓰일 때만 줄어듭니다. 앞서 여러 번 강조했지만, 먹는 것을 줄이는 방법은 근육량 저하와 요요현상 등의 부작용만 낳고 지속성이 없습니다.

마사지 등이 효과가 있는 것처럼 보이는 이유는 부종 때문입니다. 부기를 빼 갸름해진 것처럼 느껴지는 것이죠. 우리 몸의 수분은 얼마든지 조절할 수 있습니다. 부종은 물을 적게 마시면 저절로 빠집니다. 다이어트의 목표는 몸의 수분을 제거하는 것이 아닌 체지방을 줄이는 것입니다.

걷기로만으로 안 빠지는 살

먹고, 달리고, 땀 흘리고, 물 마시고, 원상복귀. 유산소운동의 패턴은 이렇다.
매일 해도 늘 힘든 운동이 유산소운동이다.

"요가도 해보고, 헬스도 등록해 봤는데 운동으로 살 빼는 게 가능한가요? 평소대로 먹어서인지 체중 변화가 전혀 없어요. 식단 조절과 운동을 꼭 같이 해야 하나요? 사실 배고픈데 참고 운동까지 하는 건 못 하겠어요."

사실 운동으로 소모되는 열량은 너무 적다. 매일 30분씩 조깅을 했다고 치자. 30분간 달리면 290kcal가 소모된다. 가만히 앉아 텔레비전을 보기만 해도 같은 시간에 40kcal가 소비된다. 조깅으로 더 쓴 열량은 250kcal, 일주일간 소모한 열량은 1,750kcal이다. 소모한 열량이 모두 지방을 태우고 먹는 양이 늘지 않았다고 가정하면 일주일간 조깅을 해 줄인 체지방은 230g 정도다. 그래서 운동만으로는 체지방이 빠지지 않는다고 주장하는 사람도 많다. 일부 일리가 있는 얘기다. 하지만 운동이 병행되지 않는 한 먹는 것만 줄이는 다이어트는 요요현상 때문에 100% 실패한다. 운동을 해야 지속성 있는 다이어트를 할 수 있다. 운동 그 자체의 열량 소모는 적지만 운동을 하면 기초대사량이 높아진다. 몸을 움직이지 않고 숨만 쉬고 있는 상태에서도 에너지 소모가 늘어나는 것이다. 또한, 운동을 멈춘 뒤에도 상당 시간 동안 열량 소모가 이어진다. 운동하는 도중에 생긴 젖산 등 피로물질을 제거하고 기능을 되돌리는 데 에너지를 더 소모하기 때문이다. 운동을 시작해 어느 정도 몸에 밴 뒤 먹는 것을 조절해야 한다. 그래야 다이어트가 더 효과적이고 지속성이 있다.

다이어트에 효과적인 운동을 꼽으라면 대개 유산소운동이라고 입을 모은다. '지방을 태우려면 최소 30분 이상 빨리 걸어야 한다'는 메시지가 무척 귀에 익을 것이다. 피트니스 센터에 가보면 대부분의 여성이 트레드밀, 스텝퍼, 사이클 위에서 달리고 휘젓고 뛴다. 입에서 단내를 풍기면서 지루한 시간을 견뎌 낸다. TV가 있다지만, 시간은 정말 더디 흐른다. 흠뻑 땀을 흘리고 나면 오늘도 숙제를 끝냈다는 생각에 가슴이 뿌듯하다. 체중계에 올라서면 다만 몇 그램이라도 빠져 있어 다행이라는 생각이 든다. 스스로가 대견하다. 그런데 생수 몇 모금을 마시고 다시 체중계에 오르면 그새 원상복귀다. 먹고, 달리고, 땀 흘리고, 물 마시고, 원상복귀. 유산소운동의 패턴은 이렇다. 매일 해도 늘 힘든 운동이 유산소운동이다.

미토콘드리아에서 산소 호흡으로 ATP adenosine triphosphate를 생산해 에너지원으로 이용하는 운동이 유산소운동이다. 달리기, 수영, 자전거 타기, 등산, 줄넘기 등이 대표적인 유산소운동이다. 유산소운동은 지방을 태울 뿐만 아니라 심폐 기능을 높이고 혈액순환을 돕기 때문에 건강에 매우 좋다. 가볍게 땀이 밸 정도로만 하면 되기 때문에 누구나 무리 없이 할 수 있다는 장점도 있다.

유산소운동을 꾸준히 하면 살을 뺄 수 있다. 그런데 이 '꾸준히'가 문제다. 바쁜 현대인들이 유산소운동을 습관화하는 것은 절대로 쉽지 않다. 빼먹지 않고 규칙적으로 걷기 운동을 한다 해도 체중계에는 별다른 변화가 없다. 원하는 효과를 얻으려면 상당한 운동량이 필요하기 때문이다. 체지방 1kg을 없애기 위해서는 7,700kcal를 소모해야 한다. 한 달에 2kg 감량이 목표라면 15,000kcal, 하루 500kcal를 소모하거나 덜 먹어야 한다. 500kcal는 1시간 40분간 빨리 걷기를 해야 소모할 수 있는 열량이다. 결국, 한 달간 매일 1시간 40분씩 유산소운동을 해야 겨우 2kg을 뺄 수 있다는 계산이 나온다. 하루에 1시간 40분씩, 그것도 매일 운동을 할 수 있는 사람이 누가 있겠는가? 그만큼 유산소 운동만으로 살을 뺀다는 것은 쉬운 일이 아니다.

현대인들은 매일 150kcal가량의 열량이 남아돈다. 몸을 움직여 사용하는 에너지보다 섭취 열량이 매일 150kcal 정도 많기 때문이다. 의식적으로 쓰지 않으면 이 열량은 모두 체지방으로 쌓인다. 150kcal는 30분간 빨리 걸어야 소비할 수 있는 열량이다. 매일 30분씩 빨리 걷기를 해야 남아도는 열량이 체지방으로 쌓이는 것을 막을 수 있다. 하루도 거르지 않고 30분씩 빨리 걷기를 해야 그나마 지금보다 배가 나오지 않는다.

이처럼 유산소운동으로 더 살이 찌는 것을 예방할 수는 있다. 하지만 유산소운동은 체지방을 줄이기 위한 적절한 운동법은 아니다. 유산소운동은 소모성 운동이다. 산소를 동원해 탄수화물과 지방을 태우는 운동이다. 소모성 운동이라는 말은 단백질도 같이 줄어들 수 있다는 뜻이다. 유산소운동을 하면 주로 지방과 탄수화물이 타지만, 단백질도 같이 줄어든다. 단백질 덩어리인 근육이 줄어든다는 말이다. 근육이 줄어들면 기초대사량이 떨어진다. 에너지를 가장 많이 소비하는 근육이 줄어들면 몸은 당연히 에너지 절약모드에 돌입한다. 하루 총 소비 열량에서 가장 높은 비율을 차지하는 것은 운동할 때가 아닌 안정 시의 소비 열량이다. 바로 기초대사량이다. 이것을 높이면 움직이지 않고 가만히 있어도 더 많은 에너지가 소모된다. 그런데도 사람들은 온종일 얼마나 운동을 했는지에만 관심을 기울인다. 걷기 같은 유산소운동만 해서는 최대의 에너지 소비인 기초대사량을 늘리지 못한다. 기초대사량을 높이려면 근력운동으로 근육을 만들어야 한다. 기초대사량이 높아지면 온종일 에너지 소모가 늘고, 체지방도 연소된다.

유산소운동은 근력운동의 보조적인 운동이다. 근력운동으로 기초대사량을 늘린 뒤 늘어난 대사량으로 지방이 잘 탈 수 있도록 유산소운동을 하는 것이다. 유산소운동만 할 경우 근육 손실의 위험이 크다. 근육이 많지 않고 상대적으로 체지방이 많은 젊은 여성들이나 무리한 다이어트로 근육을 잃고 체지방만 늘어난 여성일수록 무리한 유산소운동은 피해야 한다. 이 경우 반드시 근력운동으로 근육량을 늘려 기초대사량을 올린 뒤 근력운동과 유산소운동을 병행해야 한다.

이충헌 기자의 친절한 Q&A

Q 사우나에서 땀을 빼면 운동해서 땀을 흘리듯 체중 감량에 도움이 되나요?

A 사우나를 하면 일시적으로 1~2kg가량 체중이 줄어듭니다. 그런데 이것은 체지방이 아닌 '수분'이 빠진 것입니다. 운동으로 근육을 움직여 지방을 태운 것과는 전혀 다릅니다. 그래서 물을 마시면 금세 체중이 원래대로 돌아옵니다. 체중계 눈금이 줄어 일시적으로 기분이 좋을지는 몰라도 다이어트 효과는 없습니다.

실제로 제 경험을 보면 다이어트 막바지에 프로필 사진을 찍기 위해 온종일 물을 마시지 않은 적이 있습니다. 이때 체중이 하루 만에 자그마치 4kg이나 줄어 처음으로 60kg 대를 기록했습니다. 하지만 사진을 찍고 나서 모자란 수분을 보충하자 금세 원래 체중으로 돌아왔습니다. 사우나를 장시간 하면, 피부 노화가 촉진됩니다. 사우나는 10~15분 정도가 적당합니다. 이 정도면 노폐물 배출과 혈액순환을 활성화하는 데 도움이 됩니다.

체지방 감소의 포인트, 근육

근력운동은 체지방만 태워 없애는 열쇠 역할을 한다.

39살의 직장인 김선희 씨는 최근 체형이 몰라보게 달라졌다. 두 달 만에 체지방만 5㎏을 감량한 덕분이다. 근육은 빠지지 않고 오히려 조금 늘었다. 근력운동을 통해서다. 김선희 씨는 얼마 전 직장에서 실시한 건강검진에서 정상 체중보다 8㎏이나 초과한 비만 판정을 받았다. 더군다나 복부비만까지 같이 있었다.

원래부터 김선희 씨가 통통했던 것은 아니다. 20대까지만 해도 날씬하다는 얘기를 듣는 편이었다. 30대에 접어들면서부터 몸에 살이 붙기 시작했다. 8㎏이 증가하는 동안 그 변화를 몰랐을까? 실은 달라진 몸 상태를 의식하고 있었다. 하루가 다르게 피로감이 누적되어 갔다. 피로를 빨리 느끼고, 회복되는 속도도 늦어졌다. 어깨가 결리고 허리도 아팠다. 어깨와 등, 허벅지와 엉덩이 부위가 조여서 평소 즐겨 입었던 옷들을 입지 못하게 되었다. 그동안 다이어트를 시도해보지 않은 것은 아니다. 며칠간 조깅과 걷기를 하다가 포기하고, 먹기만 하면 체지방이 빠진다는 다이어트 보조식품도 먹어보았다. 입으면 지방이 연소된다는 스포츠웨어까지 구입했다. 정직한 방법보다는 쉬운 비법을 찾았던 것이다. 역시 아무런 효과가 없었다.

충격적인 건강검진 결과를 접한 날, 김선희 씨는 대책 마련에 돌입했다. '과도하게 쌓인 8kg의 체지방을 빼라'가 미션이었다. 일단 기본에 충실하기로 했다. 미션을 완수하기 위해서는 단순하고 쉽게 할 수 있어야 했다. 또 이를 위해 따로 시간을 마련하기로 했다. 그리고 전문가의 도움을 받기로 했다. 이렇게 정리를 해보니 트레이너의 지도로 근력운동을 하는 것이 가장 적합하다는 결론이 내려졌다. 하지만 다른 여성들에 비해 골격이 큰 편이어서 근력운동으로 체구가 커지면 어떻게 하나 하는 거부감이 먼저 들었다. 근육이 튀어나와 우락부락해질 것 같아 걱정되기도 했다. 결단을 내리는 데는 남편의 도움이 컸다. 남편은 한 달 전 근력운동을 시작한 이후 살이 쭉쭉 빠지고 있었다. 이런 긍정적인 변화가 근력운동에 대한 거부감과 걱정을 넘어서게 했다.

근력운동이 처음인 만큼, 무리하지 않고 서서히 운동량을 늘려갔다. 등과 복부, 하체 등 큰 근육을 위주로 근력운동을 했다. 일주일에

세 번 트레이너의 지도로 근력운동을 했고, 두 번은 유산소운동을 했다. 꾸준히 실천하기 위해서는 시간도 관건이었다. 방해받지 않고 자신만의 시간을 가질 수 있는 아침 6시 30분을 선택했다.

두 달간 꾸준히 근력운동을 한 결과 체지방이 무려 5kg 이상 줄었고, 근육량은 늘었다. 근력운동에 대한 인식도 많이 달라졌다. 부위별로 단단해진 느낌은 들지만, 근육이 불거지거나 체구가 커지는 불상사는 일어나지 않았다. 김선희 씨가 실천을 통해 확인한 것은 노력과 관리로 얼마든지 젊고 건강한 몸을 만들 수 있다는 사실이다. 누구든지 가능하다.

미국 펜실베이니아대학 연구진이 비만 성인을 대상으로 운동의 효과를 비교하는 실험을 했다. 식이 조절을 병행하면서 운동을 전혀 하지 않는 사람들과 일주일에 세 번 유산소운동만 한 사람들, 일주일에 세 번 유산소운동과 근력운동을 같이 한 사람들을 비교했다. 그 결과, 체중 감량 효과는 비슷해 세 그룹 모두 평균 10kg이 줄었다. 하지만 체성분을 분석해 본 결과 줄어든 체성분이 달랐다. 근력운동을 병행한 사람들은 다른 두 그룹과 비교해 체지방이 3kg 더 줄었다. 근력운동을 한 사람들은 줄어든 체중이 거의 체지방이었지만, 다른 두 그룹은 줄어든 체중의 1/3가량이 근육이었다.

미국 터프츠대학 연구진이 여성을 두 그룹으로 나눠 저탄수화물 고단백 식이요법으로 다이어트를 시작했다. 이들 중 한 그룹은 1주일에 두 번 근력운동을 병행하도록 했다. 그 결과, 양쪽 모두 몸무게가 평균 5.8kg 줄었다. 하지만 체지방을 측정해보니 두 그룹 간의 차이가 엄청났다. 식이요법만 한 여성들은 지방과 함께 근육이 1.3kg 줄었다. 반면, 근력운동을 병행한 여성들은 근육이 450g 늘었다. 줄어든 체중이 모두 지방이었던 것이다. 근력운동을 병행한 여성들은 식이요법만 한 여성들에 비해 체지방을 44% 이상 더 줄였다. 이처럼 근력운동은 체지방만 태워 없애는 열쇠 역할을 한다.

　"이틀째 레몬주스와 메이플 시럽, 스파이스 소스만 먹는 레몬 디톡스를 하고 있는데 벌써 멍하고 먹을 것 생각만 나요. 사실 이게 처음이 아니에요. 그동안 효소, 마녀수프, 덴마크식 다이어트 등을 다 해봤는데 잠깐 3~5kg 빠졌다가 금세 살이 쪄요. 전보다 더 살이 찌는데 정말 요요현상 없는 다이어트 방법이 있을까요?"

　"저는 정말 적게 먹습니다. 항상 밥도 1/3 정도는 남기는 편이고 간식도 잘 먹지 않아요. 그런데도 살이 찌는 건 왜일까요? 물만 마셔도 찌는 체질이라는 게 정말 있는 걸까요? 제가 만약 그런 체질이라면 살이 찌지 않는 체질로 바꿀 수 있을까요?"

　요요현상이 생기지 않고 영원히 살이 찌지 않는 체질로 바꾸는 것이 다이어트의 최대 목표다. 근력운동으로 근육량이 늘면 요요현상이 생기지 않고 살이 찌지 않는 체질로 바뀐다. 살찌는 체질을 갖고 있는 사람과 살이 잘 안 찌는 사람의 차이는 기초대사량의 차이다. 근육이 많고 체온이 높은 사람은 기초대사량이 높다. 반대로 살찌기 쉬운 사람은 기초대사량이 낮다. 나이가 들면 기초대사량이 줄어든다. 근육이 줄어들기 때문이다. 결국, 나이가 들면 누구나 살이 찌기 쉬운 체질로 변해간다. 살이 찌지 않는 체질로 바꾸는 비법은 근육량을 늘려 기초대사량을 높이는 방법뿐이다. 기초대사량을 높이면 굳이 움직이지 않아도 소모하는 열량이 많아진다. 심지어 잠을 자는 동안에도 더 많은 에너지를 소모한다. 하루 24시간 동안 더 많은 에너지를 소모하기 때문에 살이 찌지 않는 것이다.

이충헌 기자의 친절한 Q&A

Q 아침 운동이 더 효과적인가요? 저녁 운동이 더 효과적인가요?

A 체지방 분해에 관여하는 아드레날린은 아침에 더 많이 분비됩니다. 분해된 지방은 운동 중 에너지원으로 사용됩니다. 따라서 아침에 운동을 하면 다른 시간보다 체지방 연소 효과가 더 크다고 볼 수 있습니다. 하지만 시간대별 운동 효과의 차이는 실제로는 미미합니다.

결국, 언제 운동을 할 것인가는 자신의 생활습관을 고려해 결정하는 것이 좋습니다. 중요한 것은 불규칙하게 운동하는 것보다 규칙적으로 시간을 정해 운동하는 것이 훨씬 효과적이라는 사실입니다. 언제 운동을 하는 게 좋으냐는 부차적인 문제입니다.

기초대사량에 주목!

기초대사량을 높이는 운동을 해야 살이 빠지고 그 효과가 오래간다.

기초대사량은 체온을 유지하고 호흡이나 심장박동 등 생명 활동에 쓰이는 최소한의 에너지 소모량이다. 아무것도 하지 않는 상태에서도 살아 있으면 소비하는 에너지다. 따라서 기초대사량을 높이면 움직이지 않고 가만히 있어도 더 많은 지방을 태울 수 있다.

흔히 살을 빼려면 열심히 운동해야 한다고 생각한다. 물론 맞는 말이다. 그런데 기초대사량을 높이는 운동을 해야 살이 빠지고 그 효과가 오래간다. 우리가 매일 소비하는 에너지 중 70%는 기초대사량이며 사람이 소비하는 에너지 중 가장 큰 비율을 차지한다. 운동이나 활동으로 쓰는 열량은 20%에 불과하다. 나머지 10%는 음식을 먹었을 때 이를 소화하고 흡수하는 데 쓰이는 에너지다. 열심히 움직이고 운동을 해도 기초대사량의 1/3밖에 소비하지 못하는 것이다.

남성의 하루 평균 기초대사량은 약 1,700kcal, 여성은 1,100kcal 정도다. 간 27%, 뇌 19%, 콩팥 10%, 심장 7%, 근육이 18%의 에너지를 소모한다. 간과 뇌를 제외하곤 근육이 가장 많은 에너지를 사용한다. 간이나 뇌에서 소모하는 기초대사량을 늘릴 방법은 전혀 없다. 그러나 근육은 운동을 통해 키울 수 있어 얼마든지 에너지 소모를 늘리는 게 가능하다. 근육을 엔진에 비유해보자. 연료를 더 많이 연소하는 큰 엔진을 갖고 있다면 가장 큰 연료인 체지방이 쌓일 틈이 없다. 근력운동으로 늘어난 근육은 아무것도 하지 않을 때도 지방을 에너지원으로 쓴다. 유산소운동을 하면 운동 뒤 8시간 동안 지방을 태우지만, 늘어난 근육은 잠을 자는 동안에도 계속 지방을 태운다. 기초대사량의 증가로 안정 시 에너지 소비량이 늘기 때문이다.

　지방은 하루에 1kg당 4.5kcal의 에너지를 쓴다. 근육의 경우 1kg당 하루에 13kcal를 태운다. 어떤 사람이 근력운동을 통해 지방을 1kg 빼고, 근육을 1kg 늘렸다면 기초대사량이 하루 8.5kcal 늘어난다. 생각보다 많은 열량은 아니다. 그러나 이것은 어디까지나 가만히 누워 숨만 쉬고 있을 때 증가하는 열량이다. 근육은 가만히 앉아 있을 때도 자세를 유지하기 위해 활동을 한다. 이때도 근육은 에너지를 소모한다. 굳이 운동이 아니더라도 활동을 할 때 근육은 일하면서 에너지를 소모한다. 당연히 근육이 많을수록 자세를 유지하거나 활동할 때 쓰는 열량이 늘어난다. 따라서 근육 1kg을 늘렸을 때 소모되는 열량 증가는 하루 8.5kcal에 그치지 않는다. 전문가들은 근육 1kg당 하루 50kcal를 더 소모한다고 보고 있다. 굳이 운동하지 않아도 평상시 활동만으로 하루 50kcal씩 더 쓰게 된다는 얘기다. 2개월이면 지방 500g을 태울 수 있는 열량이다. 근육이 2kg 늘어나면 아무런 운동을 하지 않아도 2개월이면 1kg의 체지방을 줄일 수 있다는 계산이 나온다.

어디까지나 운동을 전혀 하지 않은 상태에서 소모 열량 증가가 이 정도다. 근육이 늘어난 상태에서 운동을 하면 에너지 소모가 당연히 근육량에 비례해 늘어난다. 근육을 붙이면 우리가 생각하는 것보다 훨씬 더 많은 열량을 태울 수 있다. 근육량이 늘어난 상태에서 유산소운동을 추가하면 에너지 대사가 증가한 상태에서 하는 운동인 만큼 체지방 감소 효과는 배가된다. 확실한 효과를 기대할 수 있다.

이충헌 기자의 친절한 Q&A

Q 살을 빼려면 공복에 운동하는 게 더 효과적인가요?

A 살을 빼기 위해서는 아침 공복에 운동을 하는 게 효과적이라는 얘기가 있습니다. 이론적으로만 따져보면 그렇습니다. 아침 공복 상태에서는 밤새 아무것도 먹지 않았기 때문에 혈당이 떨어져 있습니다. 탄수화물이 없다면 지방이 에너지원으로 쓰일 확률이 높아집니다. 만일 운동 전에 탄수화물을 섭취했다면 탄수화물이 에너지원으로 더 많이 쓰이게 됩니다. 공복 상태에서는 식사를 했을 때보다 운동 중 에너지원으로 사용되는 지방의 비율이 10~15% 늘어난다고 합니다.

그런데 여기에 함정이 있습니다. 공복에 운동을 하면 에너지원으로 탄수화물을 공급하기 위해 근육에 저장된 글리코겐을 분해할 가능성이 높아집니다. 근육량이 줄어들 수 있는 것입니다. 게다가 혈당이 떨어지면 우리 뇌는 먹을 것이 필요하다는 신호를 몸에 보내 운동 뒤에 필요 이상으로 과식할 수도 있습니다. 또한, 공복 상태에서는 피로감을 더 느끼기 때문에 운동 강도가 낮아지고 운동량이 줄어듭니다. 이런 것을 모두 종합해볼 때 공복 상태에서의 운동이 지방을 소비하는데 꼭 이롭다고만은 볼 수 없습니다. 공복 상태에서 아침 운동을 해도 별로 피곤하지 않고 잘 견딜 수 있다면 문제가 없습니다. 하지만 운동한 뒤 더 많이 먹게 되거나 제대로 운동을 할 수 없다면 적당히 탄수화물을 섭취하고 운동을 하는 게 좋습니다.

근육, 절대 안 나온다

근력운동을 한 뒤 부풀어 오르는 것은 근육이 커진 게 아니다.
혈액이 몰리면서 일시적으로 부은 것이다.

"운동하면 다리가 굵어져요. 아령을 들었더니 팔뚝이 굵어졌어요. 근육운동을 하면 근육이 울퉁불퉁 튀어나오는 거 아니에요? 안 그래도 다리가 굵은데 종아리 근육이 더 생기면 어떻게 해요?"

여성들이 근력운동이 싫다며 늘어놓는 이유다. 하지만 이것은 정말 기우다. 남성들도 살을 빼는 것보다 근육 만들기가 훨씬 어렵다. 내 경우 1년 반이 넘게 근력운동을 했지만, 근육이 1kg도 늘지 않았다. 다이어트를 하면서 근육이 빠지지 않은 것만 해도 다행이다. 여성인데도 근육이 그렇게 쉽게 생긴다면 역도 국가대표 선수를 해도 된다.

간혹 여성 보디빌더를 보며 여성도 근력운동을 하면 저렇게 근육이 붙는 게 아니냐고 걱정하는 여성들이 있다. 여성 보디빌더들은 근육이 큰 것이 아니다. 피하지방을 얇게 만들어 근육이 도드라져 보이도록 만든 것이다. 마른 여성이 뼈가 드러나는 것처럼 말이다. 시합에 나간 보디빌더들은 근육이 잘 보이도록 하기 위해 전날부터 물을 마시지 않는다. 그러면 온몸의 물이 빠져나가면서 체중이 5kg 이상 줄고, 수분이 빠지면서 피부가 종잇장처럼 얇아진다. 당연히 근육이 도드라져 보인다. 이렇게 해야 겨우 근육이 눈에 띌 정도로 보인다. 하물며 근력운동을 조금 했다고 일반 여성들이 근육이 튀어나올 것을 걱정하는 것은 기우에 지나지 않는다.

근력운동을 한 뒤 근육이 부풀어 오르는 것은 근육이 커진 게 아니다. 혈액이 몰리면서 일시적으로 부은 것이다. 근육의 70%는 수분이다. 혈액이 몰리면 근육 사이사이로 혈장이 빠져나와 근육이 부풀어 오른다. 근육에 물을 먹인 효과와 같다. 이것을 '펌핑 현상'이라고 한다. 당연히 시간이 지나면 물이 빠져나가면서 부풀어 오른 게 사라지고 원래 상태로 돌아온다. 대회에 나간 보디빌더들은 펌핑으로 부풀어 오른 근육을 유지하기 위해 시합 직전까지 팔굽혀펴기를 수십 개씩 하고 숨을 쉴 때마다 근육에 힘을 준다. 펌핑된 근육이 금방 가라앉기 때문이다. 그러나 여성들은 몸에 아주 민감해 잠시 부풀어 오른 상태가 영구적인 것이 될까 봐 지레 겁을 먹는다. 다시 말하지만 이것은 일시적인 현상이다. 부풀어 올랐다고 호들갑을 떨 일이 아니다.

안 하던 하체 운동을 하면 종아리 근육이 일시적으로 단단해질 수 있다. 근육이 딱딱하게 뭉치면서 붓는 것이다. 이는 근육이 갑작스러운 충격을 받아 생기는 현상이다. 절대 근육이 단단해지면서 커지는 게 아니다. 이런 현상은 대부분 한 달 이내에 풀린다.

대다수 여성들은 근육이 생길까 봐 두려워 근력운동을 피하기 때문에 걷기나 달리기 같은 유산소운동에 더 치중한다. 하지만 요요현상을 피하고 살이 찌지 않는 체질을 만들기 위해서는 반드시 근력운동으로 기초대사량을 늘려야 한다. 근력운동을 하지 않는 한 근육이 성장하지 않고 체지방 제거도 불가능하다. 특히 여성은 근섬유에 있는 에너지 소모 엔진인 미토콘드리아가 비활성화되어 있다. 이를 활성화해야 열량 소모를 늘릴 수 있다.

제발 가능성도 없는, 근육 튀어나온다는 걱정일랑 말고 근육 위를 덮고 있는 체지방이나 걱정해라. 여성은 아무리 열심히 해도 남성처럼 근육이 튀어나오지 않는다. 남성호르몬이 많아야 근육이 울퉁불퉁하게 튀어나온다. 우락부락한 근육을 보이는 남성 보디빌더의 상당수는 근육을 키우기 위해 약물까지 복용한다. 남성호르몬이 많이 분비되는데도 근육을 튀어나오게 만드는 것이 여간해서 쉬운 일이 아니기 때문이다. 여성이 근육량을 늘린다는 것은 여간해서 쉬운 일이 아니다. 다이어트를 하면서 근력운동을 하는 것은 근육량 증가를 목표로 하기보다는 근육을 최대한 유지하면서 체지방만 선택적으로 줄인다는데 의의가 있다.

다리는 인체의 엔진과도 같다. 하체에 전체 근육의 30% 이상이 몰려 있기 때문이다. 하체 근육을 단련해야 기초대사량을 효과적으로 키울 수 있다. 체지방을 없애려면 하체 근력운동을 해야 한다. 상체나 팔만 움직이는 근력운동으로는 체지방을 태우기 어렵다. 근력운동을 하면 허벅지 둘레가 오히려 줄어든다. 허벅지에는 근육만 있는 게 아니라 근육 사이사이에 지방이 끼어 있고 피하지방도 상당 부분을 차지한다. 근력운동을 통해 체지방이 줄어들면 허벅지 둘레도 얇아진다. 이때 체지방이 감소한 자리에 근육이 붙으면 더 탄력 있는 허벅지를 만들 수 있다. 날씬하고 탄력 있는 각선미를 위해서라도 하체 근력운동은 반드시 필요하다. 살이 빠지는데도 순서가 있다. 살이 빠질 때는 얼굴, 복부, 상체, 엉덩이, 허벅지 순으로 빠진다. 허벅지 살이 가장 나중에 빠지는 것이다. 다이어트의 목표를 3개월로 잡아 운동을 했는데 허벅지 살이 빠지지 않았다면 한두 달 더 운동하면 살이 빠지게 되어 있다. 결국 다이어트는 자신과의 싸움이다.

적당한 근육은 몸매에 탄력을 준다. 유산소운동은 심폐 지구력을 키우는 데는 좋지만, 몸매를 가꾸는 데는 별 도움이 되지 않는다. 근력운동을 통해 근육을 잡아주고 몸에 탄력을 줘야 제대로 S라인을 만들 수 있다. 근력운동은 자신감과 새로운 기분을 제공한다. 내 몸이 내 것이라는 느낌, 완벽하게 내 의지대로 움직일 수 있다는 자신감, 피부가 팽팽하게 당겨지는 느낌 말이다. 여성도 근력운동을 하면 남성과 똑같은 정도로 근력이 향상된다. 3~6개월가량 집중적으로 트레이닝을 하면 운동을 하기 전의 근력에 비해 25%에서 많게는 100% 이상 근력이 향상된다. 하지만 근육의 크기는 그다지 증가하지 않는다.

이충헌 기자의 친절한 Q&A

Q 운동할 때 땀복을 입고 운동하면 살이 더 잘 빠지나요?

A 땀이 줄줄 흘러야 운동 효과가 있다고 생각하는 사람들이 많습니다. 땀복을 입으면 땀이 더 나기 때문에 금세 몸무게가 줄어듭니다. 체중계에 올라서면 기분은 좋겠지만, 이것은 체지방이 빠진 게 아니라 몸에서 수분이 빠져나가 체중이 줄어든 것입니다. 물을 마시면 금방 원래 체중으로 돌아옵니다.

땀복을 입고 운동을 하면 체온이 발산되지 않아 운동 효과가 오히려 떨어집니다. 체온을 떨어뜨리기 위해 혈액이 피부로 몰려 근육으로의 혈액순환이 줄어들기 때문입니다. 근육에 피가 많이 몰려야 지방을 많이 태울 수 있습니다. 또한, 근육이 금방 피로해지기 때문에 쉽게 지쳐 운동을 오래 지속할 수 없습니다. 땀복은 체지방 감량에 효과가 없을 뿐만 아니라 오히려 운동의 효과를 떨어뜨립니다.

근육량을 늘려라

근육이 사라지면 기초대사량이 줄어 열량 소모가 적어진다.

우리 몸엔 650개가 넘는 근육이 있다. 30세 남성은 체중의 40~45%, 여성은 체중의 35~40%가 근육이다. 근육량은 나이가 들면서 줄어 70세가 되면 30세에 갖고 있던 근육의 2/3밖에 남지 않는다. 근력운동으로 근육을 단련하지 않으면 10년마다 근육량이 5%씩 감소한다. 근육이 사라진 자리엔 지방이 낀다. 35세 이후 여성은 10년마다 0.9kg, 남성은 1.4kg씩 근육이 사라진다. 70세가 되면 허벅지 근육의 굵기가 30세에 비해 절반으로 줄어든다. 30세에는 양쪽 다리로 하던 것을 70세가 되면 한쪽 다리로 해야 한다는 얘기다. 앞에서 살펴봤듯이 근육은 가장 큰 열량을 소모하는 엔진 역할을 한다. 근육이 사라지면 기초대사량이 줄어 열량 소모가 적어진다. 그래서 먹는 양이 같아도 나이가 들수록 뱃살이 많아지고 살이 찐다.

근육은 흰색을 띠는 '속근'과 붉은색을 띠는 '지근'으로 나뉜다. 속근은 순발력이 뛰어난 근육으로 순간적으로 힘을 써야 할 때 사용된다. 매우 무거운 물건을 들거나 100미터 달리기처럼 순간적으로 폭발적인 힘을 쓰는 경우다. 근육이 수축할 때 쓰는 에너지원은 'ATP adenosine triphosphate'다. 속근은 급하게 최대의 힘을 써야 하기 때문에 근육에 저장돼 있는 '크레아틴 인'을 분해해 ATP를 생산한다. 또 저장된 글리코겐을 분해한 당분에서 ATP를 생산한다. 이를 '해당 작용'이라고 한다. 이때 피로물질인 젖산이 만들어진다. 속근은 이미 만들어 놓은 에너지를 근육 안에 보관하고 있다가 필요할 때 순발력 있게 쓴다. 돈이 필요할 때 은행에 예금해 놓은 저금을 인출해 사용하는 것과 마찬가지다. 은행 잔고가 바닥이 나면 더 이상 돈을 인출할 수 없다. 그래서 속근은 빨리 지친다.

이처럼 이미 만들어져 있는 에너지를 사용할 때는 산소가 필요하지 않다. 그래서 근력운동은 무산소운동이라고 불린다. 산소가 필요하지 않은 만큼 산소 대사에 필요한 미토콘드리아가 많지 않기 때문에 근육 섬유가 차지하는 공간이 상대적으로 크다. 그래서 속근은 근력운동을 해 주면 잘 커진다. 그 대신 에너지 공급이 제한적이기 때문에 속근은 금방 지친다. 그래서 근력운동을 하고 난 뒤엔 에너지 재충전을 위해 휴식이 필요하다. 근력운동을 통해 키우고자 하는 것이 주로 이 속근이다.

지근은 말 그대로 지구력이 뛰어난 근육이다. 지근은 수축하는 속도가 느리지만, 에너지 소비량이 적어 같은 양의 에너지로도 오랫동안 운동을 지속할 수 있다. 단거리 선수들은 큰 근육인 속근이 발달해 근육질의 역삼각형 체형이다. 반대로 마라톤 선수들은 지근이 발달해 호리호리한 인상을 준다. 지근이 수축하기 위해선 산소가 필요하다. 산소를 공급하기 위해서는 혈액공급이 많아야 하기 때문에 지근은 붉은색을 띤다. 지근에는 산소를 태워 에너지원인 ATP를 생산하는 미토콘드리아가 많다. 세포 속 공간의 1/3을 미토콘드리아가 차지하기 때문에 근육 수축 단백질이 차지할 공간은 상대적으로 적다. 그래서 근력운동을 해도 지근은 크기가 잘 커지지 않는다. 걷기나 달리기 같은 유산소운동을 열심히 해도 다리 근육이 잘 커지지 않는 것은 이 때문이다.

근육이 커지는 원리에 대해 살펴보자. 근육은 근섬유라고 불리는 가늘고 긴 세포로 이루어져 있다. 근섬유는 다른 세포에 비해 크다. 근섬유는 폭이 0.1㎜, 길이는 수 밀리미터부터 수십 센티미터에 달한다. 세포가 손상을 입으면 보통 다른 세포로 교체된다. 그런데 근섬유는 다른 세포에 비해 크기 때문에 그렇게 쉽게 바꿀 수가 없다. 조금만 손상을 입어도 바꾼다면 근육이 남아나지 않을 것이다. 그래서 근섬유에는 보수장치가 있다. 근섬유에 붙어있는 '위성세포'라고 불리는 작은 세포가 이 역할을 한다. 근섬유가 부하에 의해 손상되면 위성세포가 손상된 근섬유를 보수한다. 손상되지 않더라도 손상될 조짐이 보이면 위성세포가 늘어나 근섬유를 굵게 만든다. 예비적인 보수작용까지 하는 것이다. 이 과정에서 근섬유가 커진다. 보수하는 김에 이전보다 더 굵고 강하게 만들어 비슷한 강도의 충격에 더 이상 손상을 받지 않도록 하는 것이다. 이것이 바로 근육이 커지는 원리다. 근육량을 늘린다는 것은 근섬유를 굵게 만드는 것이고 이를 위해서는 근섬유의 보수 기능이 작동하도록 스트레스를 주어야 한다. 근력운동에서 가하는 부하가 바로 이 스트레스다. 근력운동은 근육에 스트레스를 줘 근섬유를 굵게 만드는 것이다.

근육을 크게 만드는데 가장 효과적인 부하는 최대 근력의 80% 정도다. 최대 근력이란 '한 번밖에 들지 못하는 무게'를 말한다. 근육량을 늘리려면 최대 근력의 80%에 해당하는 무게를 8~10회 들어 올리는 것이 좋다. 이것을 3세트 이상 반복한다. 근력운동은 좀 힘들게 해야 한다. 건성건성 해서는 근육이 잘 붙지 않는다. 최대한 힘들게 할

수록 효과가 크다. 걷기의 부하는 최대 근력의 20% 정도다. 근육량을 늘리려면 적어도 최대 근력의 65% 이상의 부하가 필요하다. 이 정도의 부하로는 15~20회를 반복할 수 있다.

'슬로우 트레이닝'이라는 방법도 있다. 말 그대로 천천히 하는 근력운동이다. 천천히 한다고 해서 효과가 없다고 생각하면 오산이다. 슬로우 트레이닝에선 그저 천천히 하는 게 아니라 근육을 계속 긴장된 상태로 유지한다. 근육에 계속 힘을 줘 쉴 틈을 주지 않는 것이다. 근육이 긴장하면 혈관이 압박돼 근육에 피가 잘 돌지 않는다. 근육 내 혈액순환이 줄면 근섬유에 산소가 부족해져 젖산이 쌓인다. 젖산이 쌓이면 근육은 큰 부하가 주어진 것으로 착각한다. 그 결과 근육은 성장하고 강화된다. 오랫동안 혈관을 압박해 근육이 큰 부하가 걸린 것처럼 착각하게 만드는 것이 슬로우 트레이닝의 원리다. 허리를 펴고 쪼그려 앉았다 일어나는 '스쿼트'를 예로 들어보자. 천천히 무릎을 굽혀 완전히 앉기 전에 일어나고 일어설 때도 무릎을 완전히 펴지 않는다. 이렇게 천천히 하면 근육에 계속 힘이 들어가면서 근육이 쉬지 못한다. 근육이 계속 긴장 상태를 유지하기 때문에 의외로 힘든 운동이 슬로우 트레이닝이다.

기초대사량을 늘려 지방을 태우려면 '중심 근육'을 키우는 것이 좋다. 중심 근육이란 골반 기저부, 복부, 허리에 있는 근육으로 자세를 유지할 때 사용된다. 서거나 걷거나 일상적인 동작을 하는데도 중요한 역할을 한다. 이 근육들은 몸의 중심부를 구성하는데 밖에서 만져지지 않는 속에 자리 잡고 있고 몸의 안정성을 유지한다. 잠을 자는 상태가 아니라면 이 중심 근육이 늘 활동을 한다. 서 있거나 앉아 있기만 할 때도 사용되는 것이다. 이처럼 중심 근육은 늘 활동을 하고 있기 때문에 기초대사량에 큰 영향을 미친다. 또한, 중심 근육은 크기가 커 중심 근육을 단련시키면 기초대사량 증가 효과가 탁월하다.

Q 운동을 하면 종아리 근육이 생겨서 다리가 미워지는데, 근육은 안 생기고 살만 빠지는 운동은 없나요?

A 젊은 여성들에게 조금이라도 도드라져 보이는 종아리는 고민일 수밖에 없습니다. 하이힐처럼 뒤꿈치가 들리는 신발을 신으면 종아리에 알통이 생기고 울퉁불퉁한 근육 모양이 드러납니다. 허벅지가 두꺼운 하체 비만인 여성의 대다수는 피하지방이 원인입니다. 전신 근력운동을 통해 체지방을 줄여나가면 허벅지의 피하지방도 줄어 허벅지가 얇아집니다. 그런데 종아리는 피하지방이 원래 얇습니다. 그래서 근육이 종아리 두께를 결정합니다. 종아리가 굵은 경우는 대부분 근육량이 많기 때문입니다. 따라서 종아리가 굵은 여성은 종아리에 큰 자극이 가해지는 운동은 피하는 것이 좋습니다.

사실 발달한 근육을 줄여주는 운동은 없습니다. 그 부위의 자극을 최소화하면서 운동을 하는 수밖에 없습니다. 우선은 상체 근력운동에 집중합니다. 덤벨 들기, 팔굽혀펴기, 윗몸일으키기로 상체 근육을 발달시킵니다. 하지만 우리 몸 전체 근육의 1/3이 하체에 몰려있기 때문에 효과적인 체지방 감소를 위해서는 하체 근력운동도 병행해야 합니다. 종아리가 굵은 여성도 안심하고 할 수 있는 하체 운동이 바로 '스쿼트'입니다. 스쿼트는 허리를 곧추세운 채 앉았다 일어나는 운동으로 허벅지 근육 단련에 좋습니다. 뒤꿈치가 땅에서 떨어지지 않기 때문에 종아리 근육의 자극을 최소화할 수 있습니다. 허벅지 근육이 발달하지 않은 여성이라면 허벅지의 탄력을 높여 상대적으로 종아리를 도드라지지 않게 보이는 효과가 있습니다.

종아리 근육이 튀어나왔다고 근력까지 강한 것은 아닙니다. 사실 근력이 약하기 때문에 보상작용으로 종아리 근육이 커지면서 옆으로 퍼진 것입니다. 따라서 종아리 근육이 튀어나오는 것을 막기 위해서는 종아리의 근력을 키워야 합니다. 스쿼트는 종아리 근육에 직접적인 자극을 가하지 않으면서 종아리 근력을 키울 수 있는 하체 운동입니다.

스트레칭도 근섬유를 세로 방향으로 발달시켜 종아리를 날씬하게 만드는 데 도움이 됩니다. 다리를 앞으로 뻗고 앉은 상태에서 발목을 당기면서 상체를 앞으로 숙이면 종아리 뒤쪽 근육이 이완됩니다. 똑바로 선 상태에서 뒤꿈치는 최대한 바닥에 닿도록 하고 팔을 늘어뜨리면서 앞으로 숙이는 동작도 종아리 뒤쪽 근육 스트레칭에 효과가 큽니다.

근력운동 후 유산소운동

근력운동으로 지방 분해를 촉진한 뒤 유산소운동을 해주는 것이 좋다.

걷기나 달리기 등의 유산소운동은 주 에너지원으로 탄수화물과 지방을 사용하는 반면 근력운동을 할 때는 탄수화물이 주로 사용된다. 그래서 체지방을 태우기 위해서는 유산소운동을 주로 해야 한다고 주장하는 사람들이 많다. 물론 생리학적으로 볼 때 체지방을 태우는 데 유산소운동이 근력운동보다 우세하다. 하지만 유산소운동은 운동할 때 그때뿐이다. 유산소운동이 체지방을 없애는데 좋다고 해서 항상 달리거나 걷거나 할 수는 없지 않은가?

앞서도 강조했지만, 기초대사량을 높여야 평소에 지속적으로 에너지 소모를 늘릴 수 있다. 근력운동을 하면 곧바로 에너지 소모가 늘어난다. 근력운동을 하면 근육에 미세한 손상이 일어나는데 이를 복구하는 과정에서 열량이 쓰인다. 근육 재생에 필요한 에너지를 공급하기 위해서다. 근육은 우리가 잠자는 동안에도 계속 재생된다. 미국 위스콘신대학 연구진의 조사 결과, 큰 근육 세 개를 사용하는 근력운 동을 한 뒤 대사량이 39시간 동안 늘어나는 것으로 나타났다. 한번 근력운동을 하면 이틀가량 에너지 소모가 늘어나는 것이다.

대사량이 늘어나면 에너지 공급을 위해 지방 소모량도 늘어난다. 일반적으로 에너지원으로 쓰이는 탄수화물과 지방의 비율은 5대 5이 다. 그러나 대사량이 높아지면 이 비율이 4대 6 또는 3대 7로, 지방이 더 많이 사용된다. 근력운동이 지방 연소에 훨씬 유리한 상태를 만드는 셈이다. 근력운동으로 대사량을 높인 상태에서 유산소운동을 하면 훨씬 더 많은 지방을 태울 수 있다.

150kcal를 소비하는 30분간의 빨리 걷기를 예로 들어보자. 평소에는 탄수화물과 지방이 각각 75kcal씩 소모되지만, 근력운동을 한 뒤 유산소운동을 하면 탄수화물의 소비는 60kcal로 줄어드는 반면, 지방은 90kcal만큼 빠진다. 이렇게 근력운동으로 대사량을 높인 뒤 유산소운동을 해야 체지방을 훨씬 많이 없앨 수 있다.

체지방을 태우는 단계에는 분해와 연소의 두 가지 과정이 있다. 먼저 지방을 분해해 혈액으로 보내야 에너지원으로 쓰여 지방이 연소된다. 몸에 쌓인 지방을 분해해 에너지원으로 쓰이게 하는 효소가 있다. 바로 지방세포에 있는 '리파아제'다. 리파아제는 지방세포에 들어있는 중성지방을 지방산과 글리세롤로 분해한다. 지방산은 혈액으로 녹아 들어가 근육 등에서 에너지원으로 쓰인다. 그러나 평소 지방세포에 저장된 중성지방은 리파아제와 자유롭게 접촉하지 못한다. 우선 지방 저장고의 문을 열어야 한다. 열쇠 역할을 하는 것이 아드레날린, 글루카곤, 부신피질자극호르몬 등의 호르몬이다. 이 호르몬들이 분비돼야 지방 분해가 시작되는 것이다.

그럼, 언제 이런 호르몬이 분비될까? 바로 근력운동을 할 때이다. 근력운동으로 근육에 자극을 주면 교감신경이 활성화되면서 아드레날린이 분비된다. 아드레날린은 지방 분해를 촉진하는 호르몬이다. 근력운동을 하면 성장호르몬의 분비도 늘어나는데, 성장호르몬은 아드레날린보다 더 강력하게 지방을 분해한다. 분해된 체지방은 혈액을 타고 온몸을 돌다가 에너지원으로 사용된다.

그런데 지방이 분해돼 혈액 속으로 녹아 들어갔다고 해도 쓰이지 않으면 간에서 중성지방으로 합성돼 지방세포에 다시 쌓인다. 운동으로 소모하지 않으면 분해된 지방산이 다시 지방세포로 되돌아가는 것이다. 이런 이유로 근력운동으로 지방 분해를 촉진한 뒤 유산소운동을 해주는 것이 좋다. 운동을 하면 근육 모세혈관에 흐르는 혈액량이 급격히 증가한다. 평상시 근육으로 들어오는 혈액의 양은 전체 혈액량의 20%다. 운동을 하면 전체 혈액의 80~90%가 근육으로 쏠린다. 이때 혈액으로 녹아든 지방산이 엄청나게 근육으로 몰린다. 모두 근육을 움직이는 에너지원으로 타는 것이다. 굳이 운동을 하지 않더라도 적은 양의 지방은 연소되지만, 유산소운동을 하면 혈액에 있는 지방이 모두 연소된다.

분해된 체지방을 효과적으로 연소하기 위해서는 근력운동을 한 뒤 6시간 이내에 유산소운동을 하는 것이 좋다. 근력운동은 자동차 엔진을 예열한 것과 같은 효과를 낸다. 근력운동으로 미리 엔진을 덥힌 상태에서 유산소운동을 하면 체지방을 곧바로 태울 수 있다.

나는 처음 다이어트를 시작할 때 '서킷 트레이닝circuit training', 이른바 순환 운동으로 살을 뺐다. 서킷 트레이닝은 근력운동과 유산소운동을 결합한 운동으로 체지방을 연소하는데 매우 효과적인 것으로 알려져 있다. 근력운동을 하고 난 뒤 곧바로 휴식시간 없이 트레드밀에서 걷거나 자전거 타기 등으로 체지방 연소를 도왔다. 물론 땀에 흠뻑 젖고 턱밑까지 숨이 차오를 정도로 힘들었지만, 흘린 땀방울만큼의 효과가 있었다. 먹는 것을 전혀 조절하지 않은 상태인데도 한 달 만에 체지방만 4kg이 줄었다. 서킷 트레이닝은 처음 2개월만 했지만, 다이어트 효과는 지속됐다. 이후 이틀에 한 번꼴로 근력운동과 유산소운동을 번갈아 했는데, 10개월 만에 12kg의 체지방을 없애는 데 성공했다.

　가장 어리석은 살빼기 전략은 무조건 굶는 것이다. 그다음으로 어리석은 방법은 음식량을 줄인 채 운동을 병행하는 것이다. 세 번째는 유산소운동만 하는 것이다. 가장 현명한 살빼기 방법은 근력운동과 유산소운동을 적절히 섞어서 하는 것이다. 앞서 설명한 대로 근력운동을 한 뒤 유산소운동을 하면 체지방을 연소하는데 가장 효과적이다.

이충헌 기자의 친절한 Q&A

Q 다이어트를 하는 사람 중에는 피부가 좋아지는 사람이 있는가 하면 피부가 나빠지는 사람도 있어요. 왜 이런 차이가 생기는 거죠?

A 다이어트를 하면서 나타나는 피부의 변화는 체중감량 속도와 연관이 있습니다. 급격히 살을 빼면 얼굴에 주름이 늘어나고 피부의 탄력이 떨어집니다. 특히 굶는 다이어트를 하면 온몸의 수분이 빠지면서 얼굴이 쭈글쭈글해집니다. 체지방이 얼굴부터 줄어들기 때문에 볼이 쏙 들어가고 눈이 퀭해지기도 합니다. 그래서 한 방송인이 단기간에 '몸짱'이 되어 나타났을 때 '몸은 20대, 얼굴은 50대'라는 반응이 나타났습니다. 먹는 것을 줄이고 고된 운동을 통해 단기간에 살을 빼면 얼굴이 더 늙는 것입니다. 굶으면서 영양 결핍이 생기면 피부는 더 나빠집니다. 피부의 탄력을 유지하는 콜라겐과 비타민 섭취가 모자라 탄력이 떨어지는 것입니다.

근력운동을 통해 천천히 살을 빼면 주름이 늘지도 피부의 탄력이 떨어지지도 않습니다. 체지방이 사라진 자리에 근육이 붙으면서 피부 탄력이 좋아질 뿐 아니라 운동의 효과로 피부가 맑아집니다. 10개월간 12kg을 감량한 뒤, 제 체형은 완전히 바뀌었습니다. 얼굴도 몰라보게 젊어졌다는 얘기를 듣습니다. 40대 중반을 넘어서는 저에게 주위 사람들이 '뒷모습은 20대, 앞모습은 30대'라는 농담을 던집니다. 한 달에 2kg가량씩 근력운동을 통해 살을 빼면 매끈하고 탄력 있는 동안 피부를 유지하면서 체형을 바꿔 나갈 수 있습니다.

살, 힘들게 해야 빠진다

고된 운동을 할수록 에너지 소모가 많고
결국 더 많은 열량을 소비하게 된다.

헬스클럽에 가면 간혹 신문이나 잡지를 보면서 자전거를 타거나 편안한 속도로 트레드밀에서 걷는 사람들을 볼 수 있다. 대개 숨차 보이지도 않고 얼굴에 땀방울이 맺혀 있지도 않다. 매일 운동을 하는데도 불구하고 체형은 그대로다. 뱃살이 불룩 튀어나온 채로 말이다. "운동을 하루에 몇 시간씩 하는데, 뱃살도 안 빠지고 변하는 게 하나도 없어!" 이런 사람들이 습관적으로 하는 얘기다.

아무리 걸어도 뱃살은 안 빠지는데 왜 1년 365일 트레드밀에서 걷기만 할까? 살을 뺀다고 하면서 걷기만 하는 사람들이 잘못 알고 있는 의학상식이 하나 있다. 운동 강도에 따른 지방 연소 이론이 그것이다. 체지방을 태우는 데는 달리기보다 걷기가 더 효과적이라는 이론 말이다. 이런 정보를 귀담아들은 사람은 살을 뺀다면서도 설렁설렁

걷거나 힘들지 않게 자전거를 탄다. 체형에 아무런 변화가 없는데도 말이다.

실제로 체지방은 운동 강도가 낮을수록 에너지원으로 사용되는 비율이 늘어난다. 운동 강도가 높아지면 숨이 차 산소를 충분히 이용할 수 없기 때문에 산소가 덜 필요한 무산소운동으로 전환된다. 무산소 상태에선 체지방보다 더 빨리 동원할 수 있는 탄수화물이 에너지원으로 많이 쓰인다. 운동의 강도가 세질수록 에너지원으로 사용되는 체지방의 소비가 줄고 탄수화물의 비중이 늘어나는 것이다. 운동 강도가 최대심박수의 70%를 넘어서면서부터 체지방보다 탄수화물이 에너지원으로 더 많이 쓰인다. 운동의 강도가 최대심박수에 가까워지면 전체 소모 열량 중 체지방으로부터 연소하는 열량은 10% 미만으로 떨어진다. 여기까지 설명을 들으면 낮은 강도나 중등도 강도의 운동이 지방 연소에 훨씬 유리한 것처럼 생각될 것이다. 그러나 이것은 절반의 진실이다. 체지방이 낮은 강도의 운동에서 더 많은 비율로 연소되는 것은 사실이다. 하지만 체지방이 연소되는 양을 따져보면 전혀 다른 결론에 이르게 된다. 낮은 강도의 운동일수록 운동 중 소모되는 에너지에서 체지방이 차지하는 비율이 높다. 하지만 운동의 강도가 세질수록 운동 중 소모되는 총 에너지의 양이 많아지므로 연소되는 체지방의 비율이 좀 낮다고 해도 더 많은 체지방을 태울 수 있다.

체중이 60kg인 여성을 예로 들어보자. 첫째 날은 체지방 연소에 가장 좋은 운동 강도라고 하는 최대심박수의 60%의 강도, 즉 걷기 운동을 30분간 했다. 이 경우 분당 4.86kcal가 소모돼 모두 146kcal를 쓴다. 이튿날 이 여성은 운동 강도를 높여 최대심박수의 80%, 즉 달리기를 30분간 했다. 그 결과 분당 6.86kcal를 소모해 206kcal를 썼다. 이중 체지방은 낮은 강도에서는 약 50%가 에너지원으로, 높은 강도에서는 40%가량이 에너지원으로 쓰인다. 그럼 계산을 해보자. 첫날은 73kcal의 지방이 연소됐고, 이튿날은 82kcal의 지방이 쓰였다. 에너지원으로 쓰인 지방의 비율은 첫째 날이 더 높았지만, 실제 체지방은 고강도 운동에서 더 많이 쓰였다. 이처럼 고강도 운동에서 소비하는 전체 열량이 훨씬 높으므로 더 많은 체지방이 탄다. 체지방의 연소량은 운동 강도가 높을수록 더 많은 것이다. 운동을 하는 동안 주요 에너지원으로 체지방을 소비하느냐 탄수화물을 소비하느냐는 중요하지 않다. 중요한 것은 얼마나 많은 양의 열량을 소비하느냐다. 고된 운동을 할수록 에너지 소모가 많고 결국 더 많은 열량을 소비하게 된다. 유산소운동은 어느 정도 힘에 부치고 얼굴에 땀방울이 맺힐 정도가 되어야 체지방을 빼는 데 효과적이다.

체지방 연소에 관한 오해가 한 가지 더 있다. 유산소운동을 시작해 적어도 20분은 지나야 체지방 연소의 스위치가 켜진다는 생각이다. 운동을 시작한 뒤 지방이 사용되려면 정말 20분이 걸릴까? 이게 사실이라면 짬짬이 시간을 내 20분 이하로 운동하는 것은 체지방을 태우는 데 전혀 도움이 되지 않는다. 정말 없는 시간을 쪼개 조금씩 걷거나 계단을 오르는 것은 체지방 연소에 전혀 도움이 되지 않을까? 전혀 그렇지 않다. 운동을 시작해 얼마 지나지 않아서는 산소가 충분히 공급되지 않아 빨리 가져다 쓸 수 있는 탄수화물을 에너지원으로 사용하는 비율이 높다. 하지만 이것은 탄수화물만 사용된다는 의미도, 지방이 전혀 쓰이지 않는다는 의미도 아니다. 우리 몸은 가만히 앉아 있을 때도 끊임없이 체지방과 탄수화물을 사용하고 있다. 다만, 운동 시간이 길어질수록 체지방이 에너지원으로 쓰이는 비율이 더 높아질 뿐이다. 10분간 운동을 할 때에도 20분 이상 운동을 하는 것에 비해 덜 쓰이기는 하지만, 체지방이 연소되는 중이다. 20분이 아니더라도 일상생활에서 많이 움직이는 노력은 당신의 뱃살을 줄여준다. 그러니 시간을 정해 운동을 하지 못할지라도 시간이 날 때마다 몸을 움직여라. 시간이나 운동 강도에 상관없이 몸을 움직이면 무조건 체지방은 탄다.

Q 요가도 근력운동의 일종 아닌가요? 요가를 하면 근육이 길어져 몸매가 더 예뻐진다는데, 몸매를 위해서는 헬스보다는 요가가 더 나은 것 아닐까요?

A 요가를 하면 평소 잘 쓰지 않는 미세한 근육들이 자극됩니다. 그래서 내 몸을 마음대로 조절할 수 있다는 신체에 대한 통제력이 높아집니다. 이런 이유로 근력이 좋아진 것처럼 느껴지기도 합니다. 그러나 요가는 근육을 키우는 근력운동이 아닙니다. 근육은 센 부하가 걸려야만 커집니다. 요가는 근육과 관절을 부드럽게 해 유연성을 길러주는 운동입니다.

몸매를 예쁘게 만들려면 군살을 없애야 합니다. 체지방을 빼야 군살이 사라지고, 체지방을 줄이는 데는 근력운동만큼 효과적인 운동이 없습니다. 요가를 한 시간 할 경우 소모되는 열량은 200kcal에 불과합니다. 소모되는 열량이 달리기의 1/3, 걷기의 절반에 불과하죠. 때문에 요가를 열심히 해도 살은 잘 빠지지 않습니다. 다만 유연성을 길러주고 혈액순환에 도움이 되기 때문에 건강에는 좋습니다.

스트레칭으로 근육을 길게 늘여준다고 해서 몸매가 예뻐질까요? 물론 도움이 될 수는 있겠죠. 하지만 근력운동으로 체지방을 없애고 몸매에 탄력을 주는 것보다는 효과가 매우 미미합니다.

많이 먹지 말고
잘 먹어라

먹어야 할 것은 충분히, 조절해야 하는 것은 적당히,
피해야 할 것은 최소한으로 먹는 지혜가 필요하다.

적게 먹고 많이 움직이는 것이 다이어트의 핵심인 것처럼 얘기하는 사람들이 많다. 정말 적게 먹고도 고픈 배를 움켜쥐고 많이 움직일 수 있을까? 하루 이틀은 버틴다고 해도 지속적으로 이렇게 하는 것은 어렵다. 대다수 사람들은 먹는 양을 줄이고 많이 움직이지 않는다. 그래서 근육만 빠지고 체지방은 줄어들지 않아 몸매가 망가진다.

적게 먹으라는 것은 먹는 양을 줄이라는 뜻이 아니다. 섭취하는 식품의 종류를 바꿔 섭취 열량을 줄이라는 뜻이다. 먹던 음식 그대로 양만 줄이면 배고픔을 견디기 어렵다. 이때 열량이 낮은 식품으로 종류를 바꾸면 충분히 먹으면서도 섭취 열량을 줄일 수 있다. 제때 제대로 먹으면서도 얼마든지 다이어트 효과를 볼 수 있다. 다이어트를 할 때는 더욱 신경 써서 잘 챙겨 먹어야 한다. 먹어야 할 것은 충분히, 조절해야 하는 것은 적당히, 피해야 할 것은 최소한으로 먹는 지혜가 필요하다. 많은 사람이 '잘 먹는 것'과 '많이 먹는 것'을 혼동한다. 잘 먹으라는 것은 아무 음식이나 먹고 싶은 대로 많이 먹으라는 얘기가 아니다. 줄여야 할 음식은 적게, 늘려야 할 음식은 많이, 좋은 음식을 잘 골라 먹으라는 뜻이다. 잘 먹으면 양껏 먹으면서도 건강하고 날씬한 몸매를 유지할 수 있다. 이를 위해 음식에 대한 안목을 높여야 한다. 잘 골라 충분히 먹으려면 대충 때우지 않고 신경 써서 먹어야 한다.

잘 먹으며 운동을 해야 효과적으로 다이어트를 할 수 있다. 몸매를 가꾸려면 열량이 넘쳐서도 안 되지만, 너무 모자라도 안 된다. 운동에 필요한 에너지를 충분히 섭취해야 운동 효과가 제대로 나타난다. 배가 고프면 만사가 귀찮아지고 힘이 들어 운동을 할 수 없다. 운동을 통해 건강하고 날씬한 몸으로 가꾸려면 먼저 몸 상태를 좋게 만들어야 한다. 그러기 위해서는 잘 먹어야 한다.

식사량을 줄이면 우리 몸은 생존을 위해 에너지 소모를 줄인다. 심할 경우 기초대사량이 20~30% 떨어진다. 그러나 제때 제대로 먹으면 섭취 열량을 줄여도 기초대사량은 거의 떨어지지 않는다. 섭취 열량이 줄어들어도 정해진 시간에 균형 잡힌 영양소가 공급되기 때문에 인체는 안심하고 에너지 절약 모드를 작동시키지 않는다. 아침은 황

제처럼, 점심은 왕자처럼, 저녁은 간소하게 먹는 것이 좋다. 특히 아침 식사가 중요하다. 밤새 공복 상태에 있던 신체를 깨우고 오전 시간 열심히 활동하기 위해서 아침을 든든하게 먹어야 한다. 아침을 거르면 점심에 과식하게 된다. 중간 중간 배가 고파 먹게 되는 간식의 칼로리가 오히려 더 높다. 점심도 잘 챙겨 먹어야 한다. 점심을 잘 먹어야 저녁에 과식하지 않는다. 다이어트를 시작한 사람 중 상당수가 저녁을 거른다. 이것이 오히려 다이어트 실패를 부른다. 초저녁엔 어찌어찌 참아낼 수 있을지 모르지만, 한밤중엔 '그분'이 오신다. 바로 '식탐'이다. 허기진 채로 견디다가 야식에 손을 대면 십중팔구 과식을 하게 된다. 이렇게 섭취한 열량은 밤새 소모되지 않기 때문에 먹는 족족 몸에 쌓인다. 저녁 식사는 꼭 챙겨 먹자. 대신 가볍게 먹는 것이 좋다.

음식의 종류를 바꿔 섭취 열량을 줄이되 배불리 먹는 것이 중요하다. 포만감을 유지해야 한다. 열량이 낮은 식품을 배불리 먹는 것이 식이 조절의 핵심이다. 간식이 먹고 싶다면 빵은 절대로 피해라. 아무리 작은 빵이라도 대부분 200kcal가 넘는다. 대신 사과 한 개나 귤 세 개를 먹으면 섭취 열량을 절반가량 줄일 수 있다.

식사를 했는데도 3시간 이내에 배가 고프다면 가짜 공복감일 가능성이 높다. 신체가 생리적으로 필요해서 신호를 보내는 것이 아니라는 얘기다. 빵이나 파스타와 같이 빨리 흡수돼 혈당을 급격히 올리는 식품을 섭취하면 인슐린 과다 분비로 혈당이 빨리 떨어진다. 이때 공복감이 찾아온다. 몸에 필요치도 않은데 말이다.

스트레스를 받아도 뇌의 섭식 중추가 자극돼 단 음식이 당긴다. 몸에 수분이 부족해도 마찬가지다. 일단 식사 후 3시간 이내에 배가 고프면 가짜 공복감이라는 것을 인지해야 한다. 이때는 물을 한두 잔 마시거나 약간의 견과류 등으로 공복감을 달래보자. 과자나 청량음료, 빵 등은 금물이다. 먹을수록 허기져 한두 개 먹는 것으로 끝나지 않는다.

열량이 낮고 영양가가 풍부한 식품으로 잘 골라 먹다가도 한두 번 실수하는 경우가 있다. 사람이니까 말이다. 야식으로 통닭을 먹을 수도 있고 모처럼 회식자리에서 술과 안주로 배를 채우기도 한다. 다음 날 체중계에 올라서면 여지없이 몸무게가 1kg가량 불어있다. 가슴이 뜨끔하다. 지금까지의 노력이 물거품처럼 사라지는 것 같아 허망하다. 그러나 전혀 걱정할 필요가 없다. 오히려 이렇게 한두 번 실수하는 것이 정신 건강에 더 좋다. 늘어난 몸무게 대부분은 수분이다. 체지방이 늘어난 것이 아니라 몸이 부어 체중이 늘어난 것처럼 보이는 착시 현상이다.

음식을 먹으면 장에서 흡수된 영양분이 신체 활동을 위한 에너지원으로 쓰인다. 남는 열량은 글리코겐이라는 당분의 형태로 간에 저장된다. 그런데 간에 있는 창고는 그리 크지 않다. 저장할 수 있는 글리코겐의 양은 한 끼 식사 열량 정도다. 간에서 저장할 수 있는 용량을 초과하면 더 큰 창고로 이동한다. 당분이 체지방으로 바뀌어 몸에 저장되는 것이다. 그런데 이런 과정은 적어도 2주가 걸린다. 어제저녁에 과식을 했다고 바로 체지방이 늘어나는 것은 아니라는 얘기다. 하루 과식을 했다면 그 다음 날 먹는 양을 약간 줄이거나 운동을 통해 간의 저장 창고를 비우면 된다. 하루 과식했다고 해서 일희일비하거나 지레 다이어트를 포기할 필요는 없다.

다이어트를 할 때 짜게 먹지 말라는 얘기를 많이 한다. 그런데 이를 너무 철저하게 지키려면 힘이 든다. 아무런 양념도 하지 않은 닭가슴살, 드레싱을 첨가하지 않은 샐러드만 먹다 보면 질려서 오래 버티기 어렵다. 염분을 많이 섭취한다고 해서 체지방이 늘어나는 것은 아니다.

짜게 먹으면 몸속의 나트륨이 물을 빨아들여 몸이 붓기 쉽다. 몸에 수분이 많아져 체중이 늘어난 것처럼 보이지만, 이는 체지방이 아니기 때문에 전혀 걱정할 필요가 없다. 다만 김치나 된장, 국이나 찌개 등은 짭짤하게 간이 되어 있어 식사량을 늘린다. 맛이 있는 만큼 밥을 더 먹게 되는 것이다. 탄수화물 과다 섭취의 원인이 될 수 있기 때문에 되도록 싱겁게 먹을 것을 권한다.

짠 음식은 갈증도 유발한다. 이때 물을 마시면 상관이 없지만, 청량음료나 설탕이 들어간 커피, 맥주 등을 찾게 된다면 얘기가 달라진다. 어린이와 청소년을 대상으로 한 연구에서 하루에 소금을 1g 더 섭취할 때마다 수분 섭취량이 100㎖ 늘어나는 것으로 나타났다. 늘어난 수분 섭취량 중 절반가량이 청량음료였다. 청량음료 섭취가 늘면 당연히 살이 찐다. 그렇다고 스트레스를 받으면서 무염식을 먹을 필요는 없다. 체지방과는 직접적인 연관이 없기 때문에 적당히 너무 짜지 않게만 먹으면 된다.

물을 많이 마시는 것도 중요하다. 세포가 탈수되면 에너지 대사의 원료인 포도당을 잘 흡수하지 못한다. 그러면 우리 몸의 신진대사가 줄어든다. 그만큼 에너지 소모가 적어지는 것이다. 물을 많이 마셔 혈액이 묽어지면 체지방 분해가 더 잘 일어난다는 연구 결과도 있다. 물을 충분히 마시면 체지방을 분해해 태우는 데 도움이 된다는 뜻이다. 갈증을 느낄 때는 이미 심한 탈수 상태이다. 물을 항상 곁에 두고 조금씩 마시는 것이 좋다. 차 안이나 사무실, 배낭 등에 물병을 하나씩 넣어두면 자주 손이 가기 마련이다. 다이어트를 할 때는 하루 2~3ℓ의 물을 마시는 것이 좋다.

이충헌 기자의 친절한 Q&A

Q 헬스를 일주일에 2~3번 정도 가는데, 혼자 해서인지 운동을 제대로 하고 있는지 잘 모르겠습니다. 개인 트레이닝 PT, Personal Training을 받아볼까 하다가도 누가 간섭하고 지시하는 게 부담스럽고 싫어서 망설여지는데요, 살을 빼려면 PT를 받는 게 도움이 될까요?

A 경제적 여유가 된다면 전문가의 도움을 받는 것이 당연히 좋습니다. 근력운동은 혼자 할 경우 부상의 위험이 있는데다 효과도 떨어집니다. 근력운동은 '폼 나게' 해야 합니다. 올바른 자세로 해야 부상 없이 원하는 부위를 정확하게 자극할 수 있습니다. 그래서 어느 정도 동작에 익숙해질 때까지 트레이너의 지도를 받는 것이 좋습니다. 저는 2010년 9월부터 계속 PT를 받고 있습니다. 이젠 혼자서도 할 수 있지만, 아직도 새로 배울 게 많습니다. 혼자 할 때보다 운동 강도도 훨씬 셉니다. 그러나 간섭받기 싫어하거나 너무 세게 시킬까 봐 겁내는 분들이 계십니다. 물론 트레이너와 궁합이 잘 맞지 않는 분들도 있습니다. 이런 경우라도 잠깐 지도를 받거나 질문을 던져 올바른 자세를 배워야 합니다. 자세가 올바른지 피드백을 받아 나쁜 자세는 고쳐야 합니다. 근력운동은 정확한 자세로 '폼 나게' 해야 효과가 납니다. 몸매를 가꾸고 건강을 챙기고 싶다면 적절한 투자는 필수입니다.

조금씩 자주 먹어라

인슐린은 지방을 지방세포로 이동시켜 축적하게 하는 역할을 하는데
인슐린 분비량이 줄어들수록 지방의 분해는 많아지고, 축적은 덜 된다.

날씬한 사람은 조금씩 자주 먹는다. 프랑스에서 330명의 중년 남성을 대상으로 먹는 횟수와 비만도, 허리둘레 등의 관계를 조사했다. 그 결과 하루 5번 이상 먹는 사람이 체질량지수BMI가 가장 낮았고 허리둘레도 얇았다. 하루 한두 끼만 먹는 사람은 체질량지수가 평균 28.1로 비만이었다. 그러나 하루 다섯 번 이상 먹는 사람은 체질량지수가 24.5로 정상 범위였다. 자주 먹는 사람이 더 날씬하고 건강하다는 사실을 증명한 것이다. 식사 횟수가 적은 사람들은 자신이 남들보다 적게 먹는다고 생각하지만, 실제로는 그렇지 않다. 식사 횟수가 적은 사람은 허기가 지기 쉽고, 허기는 체지방을 쌓이게 하는 탄수화물에 대한 갈망을 일으킨다. 탄수화물 덩어리인 고열량 간식을 찾게 되는 것이다. 끼니를 건너뛰고 한 번에 몰아 먹는 사람은 대부분 폭식

습관을 갖고 있다.

식사습관이 다음번 식사량에 미치는 영향을 조사한 연구를 보자. 7명의 비만 남성을 두 그룹으로 나눠 한 그룹은 식사를 한 번에 먹게 한 뒤 5시간 후에 뷔페식을 제공했다. 다른 한 그룹은 식사를 한 시간마다 1/5분량씩 먹도록 한 뒤 똑같은 뷔페식을 제공했다. 두 그룹의 식사량을 비교한 결과, 조금씩 나눠 먹은 남성들이 뷔페식을 27% 덜 먹었다. 소량씩 자주 먹을 때 전체 칼로리 섭취가 더 적다는 사실이 증명된 것이다.

하루에 섭취하는 열량이 같다고 해도 하루 한두 끼를 과식하는 사람이 하루 세 번 이상 규칙적으로 먹는 사람에 비해 비만해지기 쉽다. 인슐린 분비량 때문이다. 과식을 하면 혈당이 급격히 올라가 다량의 인슐린이 분비된다. 인슐린은 지방을 지방세포로 이동시켜 축적하게 하는 역할을 한다. 인슐린이 많이 분비되면 먹는 족족 살로 쌓이는 것이다. 자주 나누어 먹으면 혈당이 적게 올라가는 만큼 인슐린 분비의 양도 적다. 인슐린 분비량이 줄어들수록 지방의 분해는 많아지고, 축적은 덜 된다.

토론토대학 연구진이 7명의 남성을 대상으로 같은 음식을 먹는 횟수만 달리해 실험을 실시했다. 2주간은 하루 세끼만 먹게 했고, 다른

2주는 하루 17번을 먹도록 했다. 그 결과 자주 먹을 경우 스트레스 호르몬인 코티솔 수치가 17% 줄었다. 하루 세끼만 먹는 것보다 여러 번 나눠 먹는 것이 다이어트에 훨씬 유리하다는 얘기다.

　매일 정해진 시간에 필요한 에너지가 공급되면 인체는 안심하고 섭취한 열량을 부담 없이 사용한다. 그러나 에너지가 공급되는 시간이 불규칙하고 예측할 수 없다면 얘기가 달라진다. 언제 닥칠지 모르는 비상 상황에 대비해 인체는 초절약 모드에 돌입한다. 우리 몸은 6시간 이내에 먹을 수 있을지, 6일이 지나서야 음식을 먹을 수 있을지 알지 못하기 때문이다. 이런 상황에서 인체는 기아에 대비해 지나치게 경계를 한다. 최대한 기초대사량을 낮춰 몸속에 들어온 에너지를 비상식량인 체지방으로 저장하려 든다. 3시간 이상 음식을 먹지 않고 있으면 우리 몸은 생존 모드로 전환할 준비를 한다. 스트레스 호르몬인 코티솔이 분비되면서 지방 분해가 억제되고 근육을 분해해 연료로 사용할 준비를 한다. 따라서 밤새 공복 상태로 지낸 우리 몸을 정상화하기 위해 아침을 반드시 챙겨 먹어야 한다. 깨어 있을 때는 3시간에 한 번씩 음식물을 넣어주는 것이 좋다. 식사 사이의 간격은 최대 6시간을 넘지 않도록 한다. 식사 간격이 지나치게 길어질 것 같으면 중간에 열량이 낮은 간식을 곁들인다. 사과 반쪽 등 과일이나 약간의 견과류, 삶은 달걀 한두 개가 적당하다. 식사 자체가 신진대사를 자극하고 단백질 합성을 촉진하기 때문에 다이어트에 유리하다. 음식을 먹으면 소화·흡수 과정에서 체온이 오르면서 열량 소모가 늘어난다. 먹는 것이 열량의 소비를 촉진하는 것이다. 먹는 횟수가 많을수록 체지방을 줄이는 효과가 크다.

많은 사람이 오후 6시 이후엔 아무것도 먹지 않는 것을 다이어트의 불문율로 본다. 그러나 6시 이후 금식은 금과옥조가 아니다. 물론 저녁에는 활동량이 줄고 취침 시간에 가까워서 먹는 게 그대로 쌓일 가능성이 있다. 이는 과식을 했을 경우다. 가볍게 먹는다면 저녁 6시 이후에 무엇을 먹든지 상관이 없다. 10시쯤 잠자리에 드는 사람이라면 공복감을 느끼지 않은 채 잠을 잘 수가 있다. 하지만 12시가 넘어 취침을 하는 사람이라면 6시간 이상의 공복 상태를 견뎌야 한다. 이것은 쉽지 않은 일이다. 오히려 10시쯤 통닭을 주문해 폭식할 가능성이 높아진다. 따라서 늦은 시간 잠자리에 드는 사람이라면 저녁 9시쯤 가볍게 먹는 것이 좋다. 당도가 높은 과일보다는 토마토나 채소류가 좋고, 달걀흰자도 열량이 낮은 양질의 단백질이기 때문에 저녁 간식으로 적당하다.

이충헌 기자의 친절한 Q&A

Q 다이어트로 체중을 감량한 후 어느 정도의 기간을 유지해야 제 체중이라고 확신할 수 있나요? 그리고 운동으로 다이어트에 성공한 경우, 이후 운동량 조절은 어떻게 해야 하나요?

A 적어도 6개월 이상 유지해야 자신의 체중이라고 얘기할 수 있습니다. 활동량을 줄이고 운동을 멈췄다고 해서 바로 살이 찌는 것은 아닙니다. 남는 열량이 체지방으로 전환돼 우리 몸에 쌓이는 데는 적어도 3주가 걸립니다. 처음에는 체지방이 얼굴과 복강 내에 쌓이기 때문에 한두 달 활동량을 줄인다고 해도 크게 티가 나지 않습니다. 그러나 이것이 지속되면 결국 다시 군살이 붙기 시작하겠죠.

운동은 습관입니다. 근력운동을 통해 근육을 늘려 더 이상 살이 찌지 않는 체질로 바꾸어 놓았다고 해도 이전 생활습관으로 돌아가면 다시 살이 찝니다. 근육을 붙여 기초대사량이 높아졌다고 해도 움직이지 않으면 소모되는 열량은 그리 많지 않습니다. 변화된 생활습관을 유지해야 다이어트로 뺀 체중이 자신의 것이 됩니다.

그렇다고 다이어트할 때와 똑같은 강도로 운동을 할 필요는 없습니다. 근력운동으로 다이어트에 성공했다면 변화된 생활습관이 몸에 붙은 상태입니다. 다리가 튼튼해지고 몸이 가벼워져 걷는 게 즐겁습니다. 저도 웬만하면 20~30분 이내의 거리는 걸어 다닙니다. 일주일에 두세 번 근력운동, 두세 번 걷기 등 유산소운동만 한다면 근력운동으로 만든 체형을 유지하는 것은 어렵지 않습니다.

탄수화물의 달콤한 유혹

인슐린은 지방 합성을 촉진하고 지방 분해를 억제하는 역할도 하기 때문에
탄수화물 섭취로 인슐린 분비가 늘수록 체지방은 계속 쌓여갈 수밖에 없다.

한가한 주말이면 카페에서 브런치를 즐기는 여성들이 많다. 친구끼리 삼삼오오 모여 느긋하게 브런치를 즐기는 모습은 정겹다. 그런데 브런치 메뉴를 보면 눈이 휘둥그레진다. 아침과 점심을 겸해 간단하게 먹는 식사가 브런치인데, 막상 메뉴를 보면 아침과 점심을 합친 것보다 푸짐하다. 더 큰 문제는 고열량 식품으로 가득 차 있다는 사실이다. 소시지나 베이컨은 기본이고 달콤한 소스가 뿌려진 샐러드에 빵까지, 후식으로 조각 케이크나 아이스크림도 빠지지 않는다. 이렇게 먹으면 두 끼 식사 열량에 버금가는 1,200kcal가 넘을 수도 있다. 브런치를 즐기는 모습이 우아해 보일지는 몰라도 열량과 영양가를 생각한다면 전혀 우아하지 않다. 브런치의 주메뉴는 고열량의 탄수화물이다.

여성치고 빵을 안 좋아하는 사람은 별로 없다. 요즘엔 출근길 지하철역 베이커리에서 빵 굽는 냄새가 정말 유혹적이다. 바쁜 아침 시간 간편하게 먹기에 빵만큼 좋은 게 없다. 출출할 때 간식으로도 그만이다. 가볍게 먹을 수 있기 때문에 왠지 밥보다 열량이 낮을 것 같은 생각이 들어 손이 자주 간다. 그러나 안타깝게도 빵은 다이어트할 때 가장 피해야 할 식품이다.

빵에는 쇼트닝, 설탕, 버터 등 다양한 첨가물이 들어간다. 부드러우면서 달콤하며 바삭한 식감을 내기 위해서는 엄청난 양의 설탕과 버터가 첨가되어야 한다. 빵은 쌀보다 지방 함량이 3배 이상 높다. 빵의 주재료인 밀가루는 소화·흡수가 빨라 혈당을 빨리 높이는 대표적인 탄수화물이다. 간식으로 먹는 도넛이나 케이크, 식빵은 혈당을 급격히 높여 공복감을 만들 뿐만 아니라 그 자체로 열량이 높아 다이어트의 가장 큰 적이다. 요즘엔 곳곳에 커피 전문점이 있다. 커피 전문점에는 와플과 머핀, 조각 케이크 등이 준비돼 있다. 밥은 많이 먹지 않는 여성이라도 식사 후 달콤한 유혹을 견디지 못하는 경우가 많다. 이런 여성들은 이렇게 얘기한다. "난 밥 배랑 간식 배가 따로 있는 것 같아." 그러면서 커피에 곁들여 조각 케이크나 와플을 먹는다. 그런데 치즈 케이크 한 조각은 500kcal, 밥 두 공기에 버금가는 열량이다. 식빵은 어떨까? 식빵 한 조각은 150kcal, 여기에 잼이나 버터를 발라 먹으면 200kcal가 훌쩍 넘는다. 아침 식사 대신 잼을 발라 식빵 두 조각, 우유 한 컵을 먹었다면 최소 500kcal, 배불리 아침밥을 먹은 것과 같은 열량이다.

평소 즐겨 찾는 간식만 끊어도 살이 빠진다. 간식의 상당수는 단맛을 내는 빵이나 과자, 청량음료 등이다. 대부분이 탄수화물인데 열량이 높을 뿐만 아니라 먹을수록 공복감을 유발해 과식하게 만드는 경향이 있다.

지금껏 비만의 가장 큰 원인으로 기름기 있는 음식, 즉 지방의 과다 섭취가 지목돼 왔다. 지방이 우리 몸을 해치는 공공의 적이 된 것은 1950년대 이후다. 이때 처음 미국에서 육류에 들어있는 포화지방이 심장병의 원인이 된다는 연구 결과가 나왔다. 육류에 들어있는 포화지방이 심장병의 주범으로 지목되면서 미국 정부가 나서 지방 섭취를 줄이는 운동을 대대적으로 벌였다. 그 결과, 지난 수십 년간 미국에서 식품의 평균 지방 함량이 40%에서 34%로 줄었다. 그런데 이상하게도 같은 기간 심근경색 발생률은 조금도 줄지 않았다. 비만 인구도 오히려 두 배로 늘었고, 당뇨병 환자 역시 급증하고 있다. 그렇다면 비만이나 심장병 증가의 원인이 과도한 지방질 섭취 때문이 아니라는 말인가? 이 의문을 풀기 위해 임상 시험이 진행됐다. 미국에서 여성 4만 8천 명을 대상으로 저지방 식단과 일반 식단을 8년간 추적 관찰해 비교해 본 것이다. 그 결과, 놀랍게도 저지방 식단을 섭취한 사람들의 심장병과 뇌졸중 발생률이 조금도 떨어지지 않았다. 지방이 심혈관질환 발생의 주범이 아니라는 뜻이다.

전문가들은 비만 인구의 증가와 심혈관질환 급증의 원인으로 과도한 탄수화물 섭취를 지목하고 있다. 에너지원으로 쓰이고 남은 탄수화물은 중성지방으로 바뀌어 우리 몸에 저장된다. 더군다나 탄수화물을 섭취할수록 체지방 축적의 주범인 인슐린 분비기 촉진된다. 우리가 먹은 영양소가 체지방으로 쌓이는데 결정적인 역할을 하는 게 바로 인슐린이다. 밥이나 빵 등 탄수화물을 먹으면 췌장 세포에서 인슐린이 분비돼 포도당을 근육 등으로 이동시킨다. 섭취한 영양분이 근육에서 유용하게 에너지원으로 쓰이도록 돕는 게 바로 인슐린이다. 장에서 흡수된 포도당은 혈액으로 들어온 뒤 필요한 장기로 이동하기 때문에 인슐린이 나오면 혈당은 떨어진다. 그런데 인슐린은 혈당을 떨어뜨릴 뿐만 아니라 체지방이 축적되는데 핵심 역할을 한다. 지방세포는 평소 문이 닫혀 있는데 이 문을 여는 열쇠가 인슐린이다. 인슐린이 분비되면 지방세포의 문이 열려 포도당이 지방세포 안으로 들어간다. 지방세포 안으로 들어간 포도당은 지방산과 글리세롤로 분해되고 다시 합성돼 중성지방의 형태로 저장된다.

인슐린은 지방합성을 촉진하고 지방 분해를 억제하는 역할도 하기 때문에 탄수화물 섭취로 인슐린 분비가 늘수록 체지방은 계속 쌓여갈 수밖에 없다. 미국의 예를 살펴보자. 1970년대 이후 지방 줄이기 캠페인이 전개되면서 미국에서 식품의 평균 지방 함량이 40%에서 34%로 줄었다. 그런데 같은 기간 액상과당 등 미국인들의 탄수화물 섭취가 크게 늘었다. 그러면서 비만 인구가 두 배 급증했다. 탄수화물 과다 섭취가 비만의 주원인으로 지목되고 있는 이유다.

인류는 사냥과 채집으로 먹을거리를 마련하다가 1만 년 전부터 정착해 농사를 짓기 시작했다. 우리가 곡물을 주식으로 섭취하게 된 것은 채 만 년이 되지 않는다. 그 이전 수십만 년간 인류는 육류나 어류, 과일, 채소, 견과류를 주로 먹었다. 그럼 농사를 짓기 시작하면서부터 인류의 건강 상태가 더 나아졌을까? 고고학적인 증거들을 보면 그 반대다. 최초의 농민들은 수렵채집민보다 키가 더 작았다. 터키에서 출토된 유골을 보면 만 4천 년 전쯤 수렵채집민의 평균 신장은 남성이 175cm, 여성은 165cm였다. 농경 사회로 접어든 기원전 3천 년에 이르러서는 평균 신장이 남성은 160cm, 여성은 152cm로 오히려 줄어든다. 인류가 고대 수렵채집민 정도로 키가 커진 것은 최근 들어서다. 농민들은 괴혈병, 구루병, 빈혈 등 영양실조에서 비롯된 각종 질환을 앓았다. 그러나 수렵채집민들에게서는 영양실조를 거의 찾아볼 수 없었다. 왜 이런 현상이 생겼을까?

곡류가 열량은 높은 데 비해 영양 성분은 적기 때문이다. 영양 밀도는 비타민과 칼슘, 철분, 섬유질 등 14가지 주요 영양소가 들어있는 양을 반영한 수치다. 곡류는 에너지 밀도는 높지만, 영양 밀도는 낮다. 곡류에는 탄수화물과 비타민 B 이외엔 영양소라고 할 게 별로 없다. 곡류만 많이 섭취하면 비만이 될 뿐 영양 결핍에 빠지기 쉬운 것이다. 더군다나 만 년이라는 세월은 인류가 곡류 섭취에 진화적으로 충분히 적응하기에는 짧은 시간이다. 수렵하던 원시인들의 식단에서 전체 열량 중 탄수화물이 차지하는 비중은 30% 정도다. 현대인은 전체 칼로리의 절반가량을 탄수화물에서 섭취한다. 진화적으로 보아도 현대인들이 앓고 있는 비만과 당뇨, 심장병 등의 주원인은 과도한 탄수화물 섭취일 가능성이 높다.

이충헌 기자의 친절한 Q&A

Q 근력운동을 하다가 쉬면 이것이 살이 되면서 더 뚱뚱해진다고 하더라고요. 괜히 운동하다가 중단해서 살이 더 찌지는 않을까요? 근력운동은 안 하는 게 나을까요?

A 근거 없는 오해입니다. 근력운동을 하면 근육에 피가 몰리고 근육이 부으면서 일시적으로 부풀어 오릅니다. 이는 근육이 커지는 것이 아니라 부은 것으로 이틀 정도면 빠집니다. 근력운동을 전혀 하지 않았던 일부 여성에서는 근력운동 초기에 근육이 단단하게 뭉쳐 도드라지는 것처럼 느껴지기도 합니다. 이것 역시 근육이 튀어나오거나 커지는 것이 아니라 근육에 자극이 가해져 부은 것으로 한 달 정도면 좋아집니다. 근육이 붓는 이런 현상을 두고 근력운동을 하다가 쉬면 살이 된다는 오해가 생기는 것 같습니다.

요요현상이 없다는 것이 근력운동의 최대 장점입니다. 근력운동을 한다고 금방 살이 빠지지는 않습니다. 근육이 붙는데 상당한 시간이 걸리기 때문입니다. 역시 운동을 멈춘다고 근육이 금세 빠지지도 않습니다. 근육은 한번 만들어 놓으면 적어도 6개월가량 유지됩니다. 근력운동은 요요현상이 적은 체질로 바꿀 수 있는 가장 좋은 다이어트 방법입니다.

탄수화물과 다이어트의 관계

탄수화물은 우리 몸의 주된 에너지원이기 때문에 운동을 하면서
근육을 최대한 유지하려면 적당량의 탄수화물을 섭취해야 한다.

탄수화물이 다이어트 효과에 미치는 영향을 살펴보자. 같은 열량을 섭취하더라도 탄수화물, 지방, 단백질 함량에 따라 다이어트 효과가 다르다. 미국 코넬대학 연구진이 체중이 100kg이 넘는 20대 남성들을 대상으로 다이어트를 실시했다. 평소 먹는 것보다 2,000kcal를 줄인 하루 1,800kcal를 섭취하도록 했다. 연구진은 참가자들을 세 그룹으로 나눠 각각 고 탄수화물, 중간 탄수화물, 저 탄수화물 식단을 섭취하게 했다. 끼니마다 탄수화물을 각각 104g, 60g, 30g을 섭취하게 한 것이다. 단백질 섭취량은 동일했고 탄수화물을 많이 섭취한 그룹은 지방을 적게, 탄수화물을 적게 섭취하는 그룹은 지방을 많이 먹게 했다. 9주 후에 다이어트 효과를 측정한 결과, 고 탄수화물, 중간 탄수화물, 저 탄수화물 식단의 체중 감소량은 각각 11kg, 12kg, 15kg이었다. 탄

수화물을 적게 섭취할수록 다이어트 효과가 컸던 것이다. 체지방 감소에서는 더 차이가 났다. 각각 8.4kg, 10.2kg, 14.8kg의 체지방이 줄었다. 탄수화물을 가장 적게 섭취한 사람들은 줄어든 몸무게가 거의 체지방이었다. 가장 이상적인 다이어트를 한 셈이다.

폐경 후 여성들을 대상으로 한 연구에서도 비슷한 결과가 나왔다. 영국 글래스고대학 연구진이 폐경 후 여성들을 대상으로 탄수화물 함량이 다른 두 가지 식단의 다이어트 효과를 분석했다. 두 식단의 열량은 1,200kcal로 같았지만, 한 그룹은 전체 열량의 58%가 탄수화물이었고, 다른 한 그룹은 35%가 탄수화물이었다. 탄수화물 함량이 높았던 그룹은 몸무게가 4.7kg 줄어든 데 비해 탄수화물을 적게 섭취한 그룹에서는 7.7kg이 빠졌다.

저 탄수화물 식단과 고 탄수화물 식단의 다이어트 효과를 비교한 87건의 연구를 종합 분석한 결과를 살펴보자. 여기에서도 저 탄수화물 식단이 훨씬 다이어트 효과가 좋다는 사실이 확인됐다. 저 탄수화물 식단을 섭취한 사람들은 탄수화물 함량이 많은 식품을 섭취한 사람들에 비해 체중이 6.5kg, 체지방은 5.6kg 더 줄었다. 체지방율 역시 3.5% 더 줄어든 것으로 나타났다. 결론적으로 다이어트할 때는 탄수화물 섭취를 줄여야 한다. 대신 단백질 섭취를 늘리고 적당량의 지방을 섭취하면 공복감에 시달리지 않고 다이어트를 할 수 있다.

아무리 탄수화물이 다이어트에 독이라고 해도 탄수화물은 우리 몸의 주된 에너지원이다. 탄수화물 섭취를 줄일 필요는 있지만 주 에너지원인 만큼 적당량은 먹어야 한다. 단백질이 근육 등 우리 몸을 구성하는 기둥 역할을 하고 있다면 탄수화물은 에너지를 제공하는 땔감에 비유할 수 있다. 탄수화물이 너무 부족하면 우리 몸의 기둥인 단백질을 분해해 에너지원으로 사용한다. 그래서 운동을 하면서 근육을 최대한 유지하려면 적당량의 탄수화물을 섭취해야 한다. 그럼 적당량은 어느 정도일까? 한 끼 식사에서 고구마 한 개 또는 잡곡밥 반 공기 정도면 충분하다. 운동을 많이 하는 사람이라면 이보다 양을 1.5배 늘릴 필요가 있다.

채소는 많이 먹어도 살이 찌지 않지만, 과일은 많이 먹으면 살이 찐다. 간혹 다이어트를 하는 여성 중엔 밥은 안 먹고 과일 한두 개로 한 끼 식사를 대신하는 경우가 있다. 그러면서 다이어트를 잘하고 있다고 생각한다. 그러나 이것은 한 끼 식사를 탄수화물로만 채우는 잘못된 방법이다. 과일이 달콤한 것은 당분이 많이 들어있기 때문이다. 과일의 당분, 즉 과당은 설탕의 단맛을 내는 당분과 같은 성분이다. 따라서 과일도 많이 먹으면 살이 찐다. 밥 대신 귤을 대여섯 개 먹으면 밥 한 공기를 먹은 것과 같다. 밥을 먹고 후식으로 과일을 먹는 경우가 많은데, 이때도 많이 먹으면 밥 한 공기를 더 먹는 셈이 된다. 따라서 다이어트를 하고 있다면 몸에 좋은 영양소를 섭취한다는 기분으로 몇 조각만 먹는 게 좋다. 식전에 과일을 먹으면 과도한 과일 섭취를 줄이고 밥도 적게 먹을 수 있다. 몸에 좋다면서 과일 주스를 즐겨 먹는 여성들도 있다. 가공되어 유통되는 과일 주스엔 액상과당이 함유되어 있는 경우가 많다. 액상과당은 최근 비만의 주범으로 지목되고 있다. 다이어트할 때는 최대한 피해야 할 식품인 셈이다.

이충현 기자의 친절한 Q&A

Q 운동에 익숙해질수록 운동 효과가 떨어지나요? 그렇다면 지속적으로 운동량을 늘려야 다이어트 효과가 나타나는 것인가요?

A 누구나 운동을 하다 보면 정체기를 경험합니다. 아무리 열심히 운동을 한다고 해도 체지방이 빠지는 것이 느껴지려면 적어도 한 달은 걸립니다. 얼굴은 혈액순환이 좋아 체지방이 빠지고 붙는 속도가 빠릅니다. 다이어트할 때 얼굴 살이 가장 먼저 빠지는 이유죠. 복부에 있는 내장지방도 잘 빠지지만, 체지방량이 많기 때문에 티가 나려면 좀 시간이 걸립니다. 처음에 살이 빠지다가 어느 순간 정체된 것처럼 느껴지는 것은 이 때문입니다. 하지만 운동을 지속하면 뱃살이 빠지고 나중엔 허벅지살도 줄어듭니다. 정체기가 왔다고 해서 굳이 운동량을 더 늘릴 필요는 없습니다. 빼먹지 않고 규칙적으로 한다면 체지방이 지속적으로 줄면서 어느 순간 원하는 몸매를 갖게 됩니다.

좋은 탄수화물 골라 먹기

**나쁜 탄수화물은 소화·흡수가 빨라 혈당을 빨리 올린다.
혈당을 천천히 올릴수록 좋은 탄수화물이다.**

탄수화물이라고 해서 다 같은 것이 아니다. 다이어트에 방해되는 나쁜 탄수화물이 있는가 하면 몸매를 예쁘게 만들어주는 좋은 탄수화물이 있다. 이는 소화·흡수되는 속도에 따라 나뉜다. 나쁜 탄수화물은 소화·흡수가 빨라 혈당을 빨리 올린다. 혈당을 천천히 올릴수록 좋은 탄수화물이다. 어떤 식품을 섭취했을 때 얼마나 빨리, 얼마나 높게 혈당을 높이는지를 표시하는 기준이 당지수 GI, Glycemic index이다. 당지수가 낮은 식품은 천천히 흡수돼 혈당을 천천히 올린다. 당지수가 높은 식품은 빨리 소화돼 혈당을 급격히 높인다. 많은 양의 당분이 혈액 속으로 한꺼번에 유입되면 혈당을 낮추기 위해 갑자기 많은 양의 인슐린이 분비된다. 그러면 다시 급격히 혈당이 떨어져 금세 허기지고 자꾸 단것을 찾게 된다. 이런 혈당의 롤러코스터는 결국 과식과 체중 증가로 이어진다. 게다가 인슐린이 많이 나올수록 흡수된 지방을 체지방으로 쌓는 경향이 있어 비만의 원인이 된다.

흰 빵과 통밀 빵을 한번 비교해보자. 흰 빵은 당지수가 높고, 통밀 빵은 낮다. 흰 빵은 섬유질이 없어 소화·흡수가 빠르다. 그래서 급격하게 혈당을 올리고 인슐린도 많이 나온다. 반면 통밀 빵은 껍질 등에 섬유질이 많아 소화·흡수가 느리다. 그만큼 서서히 혈당이 올라가고 인슐린도 천천히 나온다. 흰 빵이 들끓다가 금세 식는 양은 냄비라면 통밀 빵은 은근히 달구어지는 가마솥과 같다.

미국 터프츠대학 연구진이 성인 4백여 명을 대상으로 3년간 추적 관찰한 결과, 흰 빵을 먹는 사람들의 허리둘레는 1년에 1cm가량 늘었다. 반면 통밀 빵을 주로 먹는 사람들은 흰 빵을 섭취하는 사람들에 비해 허리둘레 증가가 1/3에 그쳤다.

잡곡밥과 청량음료도 마찬가지다. 잡곡밥 반 공기와 콜라 두 잔은 모두 150kcal로 열량이 같다. 그러나 몸에 나타나는 효과는 전혀 다르다. 잡곡밥은 당지수가 낮은 반면 청량음료는 당지수가 높기 때문이다. 잡곡밥은 혈당을 천천히 상승시켜 인슐린 분비를 최소화하기 때문에 체지방을 축적하지 않는다. 이에 반해 콜라는 혈당을 빨리 올려 금세 배가 고프게 만들 뿐만 아니라 과다한 인슐린 분비로 비만을 유발한다. 다이어트를 망치는 대표적인 식품이다.

당지수가 높은 탄수화물이 비만을 더 유발하는지 동물실험을 통해 살펴봤다. 실험용 쥐를 두 그룹으로 나눠 탄수화물이 69% 함유된 고탄수화물 식단을 먹였다. 같은 탄수화물을 먹였지만, 한 그룹은 당지수가 낮은 탄수화물을, 다른 그룹은 당지수가 높은 탄수화물을 주었다. 9주 후 당지수가 높은 탄수화물을 먹은 쥐는 낮은 탄수화물을 먹은 쥐에 비해 체지방이 두 배 더 많이 늘었다. 그것도 대부분 복부지방이었다.

그렇다면 당지수가 낮은 식품이 다이어트에 더 효과적일까? 물론이다. 당지수가 낮은 식품이 다이어트에 더 효과적이라는 것은 임상시험을 통해 증명됐다. 호주 시드니대학 연구진이 당지수가 낮은 탄수화물과 일반적인 탄수화물의 체중 감량 효과를 비교한 임상 연구 6개를 분석했다. 대상은 과체중이나 비만한 성인 202명이었다. 그 결과, 당지수가 낮은 식품을 섭취한 사람들이 일반적인 탄수화물을 섭취한 사람들에 비해 체중은 1.1kg, 체지방 1.1kg, 체질량지수는 1.3 더 줄어든 것으로 나타났다. 당지수가 낮은 탄수화물을 섭취할수록 체지방을 줄이는데 더 효과적이라는 사실이 증명된 셈이다.

가공식품은 대부분 당지수가 높다. 100을 기준으로 70 이상이면 당지수가 높다고 평가한다. 도넛의 당지수는 76, 감자튀김 75, 베이글

72, 식빵은 71 이상이다. 백미, 떡, 콘플레이크, 파스타 등도 당지수가 높다. 이와는 대조적으로 사과와 오렌지, 포도 같은 과일의 당지수는 낮다. 콩도 마찬가지다. 당지수가 낮은 음식으로 바꾸고 싶은 사람은 백미 대신 현미를 섭취하는 것이 좋다. 식빵보다는 통밀 빵을 먹는 것이 좋다. 비슷한 열량이지만, 감자는 당지수가 높고 고구마는 당지수가 낮다. 그래서 다이어트를 할 때 감자보다는 고구마를 권한다.

이충헌 기자의 친절한 Q&A

Q 술 자체는 인체에 흡수된 뒤 신진대사 및 열로 발산되어 살이 잘 찌지 않지만, 안주가 살이 찐다는데 사실인가요?

A 알코올은 1g당 7kcal의 열량을 갖고 있습니다. 탄수화물과 단백질이 1g당 4kcal의 열을 내니 이에 비해 상당히 고열량 식품이죠. 그러나 알코올은 탄수화물이나 지방처럼 남는 열량이 체지방으로 쌓이지는 않습니다. 신진대사와 열 생산 등에 가장 먼저 에너지원으로 사용되는 거죠. 술 자체가 살을 찌게 만들지는 않는다는 것은 이 때문입니다. 하지만 같이 먹는 안주는 알코올이 에너지원으로 사용되는 사이 먹는 족족 체지방으로 쌓이겠죠? 술을 많이 마시는 사람이 배가 나오는 이유는 이 때문입니다. 더욱이 술은 단백질 흡수를 방해해 근육이 만들어지는 것을 방해합니다.

단백질, 지방 감량의 열쇠

단백질은 소화·흡수 과정에서 탄수화물이나 지방에 비해
더 많은 열량을 소모하기 때문에 살이 찌지 않는다.

인간이 생명을 영위해 나가는 데 있어 단백질은 없어서는 안 될 필수영양소다. 단백질은 우리 몸의 대부분을 차지하는 구성 성분이다. 단백질을 구성하는 최소 단위는 아미노산이다. 음식물로 섭취한 단백질은 소화효소에 의해 아미노산으로 분해된 뒤 몸으로 흡수된다. 우리 몸에선 일부 아미노산을 합성하기도 하지만, 대부분 외부에서 섭취해야 한다. 이들은 우리 생존에 필수적이기 때문에 '필수 아미노산'이라 불린다.

탄수화물과 지방은 에너지원으로 쓰이고 남을 경우 우리 몸에 효율적으로 저장된다. 탄수화물을 섭취하면 당분으로 분해된 뒤 쓰이고 남은 당분은 전분 형태인 글리코겐으로 저장된다. 근육이나 간이 글리코겐의 저장소다. 쓰고 남은 당분은 중성지방으로 바뀌어 체지방으로 저장되기도 한다. 물론 지방을 섭취하면 사용하고 남은 지방이 체지방으로 쌓인다. 하지만 단백질은 다르다. 우리 몸에 단백질을 보관하는 저장고는 없다. 섭취한 단백질은 아미노산으로 분해되어 우리 몸에 필요한 효소나 근육 등의 원료가 된다. 단백질은 우리 신체를 구성하는 성분일 뿐 체지방처럼 불필요하게 쌓이지는 않는다. 근력운동으로 근육이 커질 땐 아미노산이 많이 필요하지만, 이런 경우를 제외하곤 단백질은 저장되지 않는다. 탄수화물이나 지방과는 매우 다르다. 따라서 단백질은 많이 먹어도 살이 찌지 않는다.

"다이어트 하려고 인터넷을 뒤져보면 한 달에 10kg씩 폭풍 감량했다는 사람이 많은데 저는 아무리 굶어도 일주일에 1kg 이상 빠져본 적이 없어요. 저는 원래 살이 잘 안 빠지는 체질일까요? 제게 적당한 다이어트 방법은 어떤 걸까요?"

이처럼 많은 여성이 먹는 양을 줄였는데도 살이 잘 빠지지 않는다고 얘기한다. 문제는 탄수화물 과다 섭취다. 대개 여성들은 남성보다 지방질 섭취는 적지만 탄수화물은 더 많이 먹는다. 남성보다 먹는 양은 적지만 빵, 케이크, 도넛, 감자 등의 탄수화물을 더 즐겨 먹는다. 똑같은 열량을 섭취해도 탄수화물과 지방, 단백질을 어떤 비율로 먹느냐에 따라 살이 찔 수도, 빠질 수도 있다. 다이어트를 위해선 단백질을 충분히 섭취해야 한다. 그러나 여성들이 다이어트를 시작하면 먼저 육류 섭취를 줄인다. 단백질 섭취량을 줄이는 것이다. 여성들은 많이 먹어도 살이 찌지 않는 단백질 섭취는 줄이고, 공복감에 시달리다가 폭식을 하게 돼 다이어트에 실패하는 경우가 허다하다.

단백질을 많이 먹어도 살이 찌지 않는 이유가 또 있다. 소화·흡수 과정에서 탄수화물이나 지방에 비해 더 많은 열량을 소모하기 때문이다. 음식물이 소화·흡수돼 저장되는 과정에서 에너지가 쓰인다. 음식을 먹으면 장작불에 마른 나무를 집어넣는 것과 같이 대사가 촉진된다. 지방의 경우 이 과정에서 소모되는 열량은 섭취 칼로리의 3% 미만이다. 탄수화물은 5~10%가 쓰인다. 이에 비해 단백질은 소화·흡수 과정에서 20~35%의 칼로리가 쓰인다. 100kcal의 단백질을 섭취했을 때 70kcal만 우리 몸에 흡수되는 것이다. 단백질 위주의 식사를 하면 소화·흡수 과정에서 하루 40kcal가량을 더 소모할 수 있다. 6개월이면 7,200kcal로 지방 1kg을 연소시킬 수 있는 열량이다.

단백질은 근육의 원료다. 근육 합성을 도와 기초대사량을 높인다. 다이어트를 하면 지방만 빠지는 게 아니라 근육도 같이 줄어든다. 이를 예방하기 위해서라도 단백질을 많이 섭취해야 한다. 매 끼니 단백질을 충분히 섭취하면 섭취 열량이 줄어도 근육량 감소를 예방할 수 있다. 기초대사량을 유지할 수 있는 것이다. 가뜩이나 근육량이 적은 여성들은 먹는 것을 줄일 경우 근육량이 더 줄어든다. 이에 따라 기초대사량이 줄면 아무리 운동을 해도 살이 빠지지 않고 심한 요요현상을 겪게 된다.

단백질은 탄수화물보다 포만감을 더 느끼게 해 섭취 열량을 줄이는데도 도움이 된다. 탄수화물과 지방, 단백질의 함량을 다르게 만든 음료수를 섭취하게 한 뒤 식욕을 자극하는 호르몬 수치를 측정한 연구가 있었다. 그 결과 단백질 함량이 높은 음료수를 마신 사람들이 식욕을 촉진하는 호르몬인 '그렐린' 수치가 가장 낮았다. 단백질이 그렐린 분비를 강력하게 억제한 것이다. 단백질이 포만감을 가장 오랫동안 유지시킨다는 사실을 입증한 연구 결과이다.

앞서 탄수화물 함량이 적은 식단이 다이어트에 도움이 된다는 사실을 얘기했다. 그렇다면 단백질 함량이 높을수록 다이어트 효과가 더 좋을까? 그렇다. 이는 임상연구를 통해 증명됐다. 실제로 고단백질 위주의 식사를 하는 일명 황제 다이어트, '애트킨 다이어트'가 가장 효과적이라는 사실이 확인됐다. 2007년 미국의학협회지에는 다이어트 식단에 대한 그동안의 논란을 잠재운 중요한 연구 결과가 실렸다.

미국 스탠퍼드대학 연구진은 비만 여성 311명을 대상으로 고단백·저탄수화물, 저단백·고탄수화물 요법 등 4가지 다이어트 방법을 비교했다. 이 여성들은 하루 1,500~1,600kcal를 섭취했다. 1년 뒤 측정을 해보니 체중 감량이 가장 많았던 그룹은 고단백·저탄수화물 식단, 즉 '애트킨 다이어트'를 시행한 여성들로 평균 4.7kg이 빠졌다. 고탄수화물·저단백 식단의 체중 감량 효과가 가장 적어 평균 2.2kg 감량에 그쳤다. 이 연구 결과가 발표된 이후 고단백·저탄수화물 식단이 다이어트에 가장 효과적이라는 사실에 대한 논란이 사라졌다.

단백질 섭취는 다이어트 이후 요요현상을 막는데도 효과가 있다. 한 달간 섭취 열량을 줄여 다이어트를 시킨 뒤 대상을 두 그룹으로 나눴다. 한 그룹은 6개월간 매일 30g의 단백질을 보충하도록 했고, 다른 그룹은 그냥 평상시 식사를 하도록 했다. 그 결과, 단백질을 보충한 그룹은 체중 증가가 1kg 미만에 그쳤다. 이에 반해 단백질을 섭취하지 않은 그룹은 평균 3kg이 늘었다. 더욱이 단백질을 보충한 그룹은 체지방 증가가 거의 없었고 허리둘레도 늘지 않았다. 하지만 단백질을 보충하지 않은 사람들은 체지방이 늘었음은 물론 허리둘레도 두꺼워졌다.

한국인의 3대 영양소 섭취 비율은 탄수화물 65%, 지방 20%, 단백질

15% 순이다. 다이어트를 위해선 탄수화물 섭취를 줄이고 단백질 섭취를 늘려야 한다. 기름기 없는 살코기와 생선을 끼니마다 충분히 섭취하는 것이 좋다. 그래서 칼로리의 35%는 단백질, 50%는 탄수화물, 15%는 지방으로부터 얻는 것이 좋다. 기름기가 적은 살코기는 하루 200g을 먹어도 된다. 기름기가 적은 쇠고기는 식감이 떨어지고 고소한 맛이 없어 배불리 먹으려 해도 하루 200g 이상 먹기 힘들다. 쇠고기 이외에도 기름기 없는 돼지고기, 닭 가슴살, 연어 등도 훌륭한 단백질 공급원이다.

근력운동으로 근육을 유지하거나 더 키우고 싶다면 더 많은 단백질을 섭취해야 한다. 플로리다대학 연구진이 다이어트 연구 87개를 분석한 결과, 체중 1kg당 1g 이상의 단백질을 섭취한 사람들의 근육량이 평균 1.2kg 더 많았다.

"다이어트할 때 단백질을 보충해 줘야 한다고 하잖아요. 그래서 닭 가슴살을 소금 간 없이 굽거나 삶아서 먹는데요. 샐러드도 드레싱 없이 먹어요. 그런데 양을 정해놓지 않다 보니 닭 가슴살도 너무 많이 먹는 게 아닌가 걱정이 됩니다. 사실 닭 가슴살을 좋아하기도 하고, 저녁엔 너무 배가 고파서 세 조각을 먹을 때도 있습니다. 적당한 단백질 섭취를 위해 필요한 양을 얼마인가요?"

국제스포츠영양학회에선 운동선수들에게 체중 1kg당 하루 1~1.6g의 단백질 섭취를 권한다. 근력운동을 하는 남성은 하루 100g, 여성은 75g의 단백질을 섭취하는 것이 좋다. 닭 가슴살, 지방을 제거한 살코기, 참치 100g 정도면 단백질 30g이 들어있다. 근력운동을 한 뒤 1~2시간 이내에 성장호르몬의 분비가 활발하므로 운동 후 2시간 이내에 단백질을 섭취하는 게 좋다. 성장호르몬은 섭취한 단백질이 근육으로 바뀌는 것을 돕는다.

공복감을 달래기 위해 야식으로 단백질을 섭취하는 것도 괜찮다. 삶은 달걀의 열량은 80kcal, 흰자가 15kcal, 노른자가 65kcal이다. 흰자만 먹는다면 6개를 먹어도 100kcal가 채 안 된다. 흔히 6시 이후엔 아무것도 먹지 말라고 하지만, 잠자리에 들기 전 소량의 단백질을 섭취하는 게 공복감을 달래고 근육을 키우는데 유리하다. 단백질을 먹으면 취침 때 나오는 성장호르몬 때문에 근육 형성에 도움이 된다. 달걀 흰자 5개와 소량의 채소를 추천한다.

PART 05

여성 맞춤
근력운동

남성과 다른 여성 근력운동

근력운동은 스스로 몸을 조절할 수 있다는 자신감을 심어준다.

남성은 우람한 체격에 강해 보이고 싶은 욕구가 있어 역삼각형의 넓은 상체와 초콜릿처럼 갈라진 복근, 탄탄한 하체를 원한다. 그러나 여성은 목에서 떨어지는 어깨선, 볼륨감 있는 가슴, 잘록한 허리, 업된 엉덩이에서 슬림하게 빠지는 다리 등 라인이 살아있는 체형을 원한다. 즉 남성은 울퉁불퉁하게 튀어나온 단단한 근육을 원하고, 여성은 슬림하면서도 탄력 있는 몸매를 원한다. 이런 차이 때문에 남성과 여성의 근력운동 방법은 달라야 한다.

남성이 원하는 탄탄한 근육을 만들기 위해서는 무거운 중량으로 강한 부하를 걸어주어야 한다. 그래야 근육이 커진다. 그러나 여성들은 근육이 튀어나오거나 커지는 것을 원하지 않는다. 그래서 여성 근력운동의 목표는 체지방을 빼고 탄력 있는 몸매를 만드는 것이다. 여성이 원하는 살아있는 라인을 만들기 위해서는 가벼운 무게로 여러 번 반복하는 것으로 충분하다. 가벼운 무게로 근력운동을 하면 절대로 근육이 튀어나오지 않는다. 특히 체지방이 많은 부위 위주로 근력운동을 하면 그 부위의 체지방만 빠지는 것은 아니지만, 처지고 늘어진 살을 팽팽하게 당겨주는 효과가 있다.

최근 캐나다 맥마스터대학 연구진이 무거운 중량이 아니더라도 가벼운 중량으로 횟수를 늘리면 근육을 단련할 수 있다는 연구 결과를 발표했다. 중량의 무게와 상관없이 근육을 성장시키는 효과는 같다는 것이다.

연구진은 건강한 남성을 두 그룹으로 나눠 10주에 걸쳐 주 3회 근력운동을 했을 때 다리 근육의 변화를 관찰했다. 한 그룹은 한 세트에 8~12번 들 수 있는 무거운 중량으로 3세트 근력운동을 했다. 다른 그룹은 한 세트에 25~30회 들 수 있는 가벼운 중량으로 3세트를 시행했다. 10주가 지난 뒤 두 그룹의 근육량을 MRI**자기공명영상장치**를 통해 비교해 본 결과, 두 그룹 간에 차이가 없는 것으로 나타났다.

이번 연구는 무거운 중량을 들어야만 근육이 성장하는 것이 아니라는 사실을 보여준다. 횟수만 두 배가량 늘린다면 가벼운 무게로도 얼마든지 근력을 기를 수 있다. 중량을 줄이고 횟수를 늘린다면 여성도 근육이 튀어나온다는 걱정 없이 효과적으로 근력운동을 할 수 있다.

　운동할 때 잊지 말아야 할 점은 운동 강도다. 근력운동을 하면서 땀이 나지 않고 숨도 차지 않으면 조금 더 강도를 높여야 한다. 운동은 땀이 나면서 조금 힘들다는 느낌이 들어야 효과가 있다. 가벼운 덤벨을 들더라도 반복 횟수를 늘려 근육이 충분히 지치도록 해줘야 한다.

　앞으로 소개할 12주 근력운동 프로그램은 간편하게 집에서 할 수 있도록 꾸며져 있다. 운동에 익숙하지 않은 여성이라도 일주일에 세 번, 하루에 한 시간만 투자하면 효과를 볼 수 있다. 많은 사람이 근력운동은 딱딱하고 지루하다고 생각한다. 사실 근력운동은 재미와 흥미보다는 건강 증진 그 자체를 위해 고안됐다. 재미가 덜 한 만큼 금세 포기하기 쉽다. 그러나 체형이 바뀌는 것이 느껴지기 시작하면 그 어떤 운동보다 재미를 느낄 수 있다. 근력운동은 스스로 몸을 조절할 수 있다는 자신감도 심어준다. 이번 프로그램은 한 달간의 적응기를 지나 한 달간의 근육성장기, 마지막으로 보디라인 다듬기로 구성됐다. 꾸준히만 지속한다면 체지방을 빼고 그토록 원하던 보디라인을 완성할 수 있을 것이다.

기본적인 근력운동

스쿼트 squat

스쿼트는 대표적인 하체 근력운동이다. 스쿼트는 주로 허벅지 앞쪽 대퇴사두근을 발달시킨다. 보조적으로 엉덩이 근육인 대둔근과 허벅지 뒤쪽 슬와부굽힘근, 척추기립근도 같이 단련시킨다.

여성들이 스쿼트를 해야 하는 이유는 무엇일까? 대사량을 늘리고 매끈한 다리 라인을 만들기 위해서다. 다리에는 근육이 많아 하체 근력운동을 열심히 하면 대사량 증가가 많이 일어난다. 허벅지가 얇은데도 다리 라인이 예뻐 보이지 않는 여성들이 있다. 그 이유는 대부분 허벅지 앞쪽 근육량이 적어서다. 허벅지 근육이 적으면 허벅지 앞부분의 살이 늘어지고, 그 늘어진 살들이 무릎을 덮으면서 무릎이 두꺼워 보인다. 무릎 라인이 사라지고 다리가 두꺼워 보이는 것이다. 마른 체형에 다리가 가늘어도 허벅지 근육이 없다면 이런 현상이 생긴다. 탄력 있는 허벅지를 만들기 위해서는 여성들도 스쿼트 운동을 통해 대퇴사두근을 발달시켜야 한다.

이렇게 얘기하면 여성들은 "근육이 생겨 허벅지가 더 두꺼워지는 게 아니에요?"라고 반문한다. 절대 두꺼워지지 않는다. 당신의 몸무게만큼의 무게를 들어도 허벅지는 두꺼워지기 어렵다. 대퇴사두근은 걸어 다닐 때 항상 쓰이기 때문에 근력운동을 해도 좀처럼 두꺼워지지 않는다. 스쿼트를 열심히 하면 허벅지 피하지방과 근육 사이에 낀 지방이 줄면서 허벅지가 가늘어지고 탄력이 붙는다.

런지 | lunge

여성들에게 "런지를 하면 힙 업 효과가 좋아요"라고 얘기하면 당장 그날부터 런지를 정말 열심히들 한다. 그만큼 힙 업에 대한 여성들의 소망은 간절하다. 간절한 만큼 열심히 하지만 힙 업 효과는 그리 쉽게 나타나지 않는다. 남성보다 여성의 골반 폭이 훨씬 넓기 때문이다.

올바른 자세로 꾸준히 해야 힙 업 효과가 나타난다.

런지는 허벅지 앞 대퇴사두근과 허벅지 뒤쪽 대퇴이두근, 엉덩이 근육인 대둔근을 발달시키는 운동이다. 처음 하면 엉덩이에 힘이 전혀 들어가지 않는 경우가 많다. 자세에 익숙하지 않기 때문이다. 동작에 따라 허벅지에 힘이 많이 들어갈 수도, 엉덩이에 힘이 많이 들어갈 수도 있다. 오래 앉아있다 보니 엉덩이가 퍼진 여성들이 많다. 늘어지고 퍼진 엉덩이를 탄력 있게 바꾸려면 힙 업을 시키는 런지 운동을 많이 해야 한다. 힙을 업 시켜야 다리 라인이 더 가늘어지고 예뻐 보인다.

데드리프트 dead lift

데드리프트는 척추기립근을 발달시키는 운동이다. 보조적으로 허벅지 뒤 대퇴이두근과 엉덩이 대둔근, 등에 있는 승모근 등이 발달한다. 데드리프트만 잘하면 이렇게 많은 근육을 발달시킬 수 있다. 운동 효과가 그만큼 크다는 얘기다. 하지만 데드리프트는 자세를 익히는데 시간이 오래 걸린다. 꾸준히 노력해야만 효과를 볼 수 있는 것이 데드리프트다.

척추기립근은 몸의 중심을 잡아주는 근육이다. 등과 허리는 몸의 라인을 위해 정말 중요한 부위다. 여성의 몸 하면 떠오르는 게 S라인이다. 제대로 S라인을 만들려면 허리 근육이 잘 잡혀야한다. 일부러 허리를 꺾어 라인을 만들어보려는 여성들이 있다. 그렇게 하면 척추후만증이 생겨 허리 통증이 유발되기도 한다. 허리를 보호하면서 S라인을 만드는 가장 좋은 방법이 데드리프트다. 데드리프트를 열심히 하면 척추기립근이 발달해 척추가 곧게 펴지고 허리가 쑥 들어간다. 데드리프트는 쓰이는 근육이 많아 칼로리 소모에도 좋다.

푸시업 push up

푸시업은 가슴 근육을 발달시키는 운동이다. 보조적으로 어깨 정면 삼각근과 팔 뒤쪽 삼두근이 발달한다. 가끔 여성들로부터 "가슴이 커지는 운동도 있나요?"라는 질문을 받는다. 여성의 가슴을 키우는 운동은 없다. 가슴이 커질 수는 없지만 브이넥 티를 입었을 때 가슴에 골이 보이면 조금이라도 커 보이고 탄력이 느껴진다.

다이어트를 하면 가슴 지방이 빠지면서 가슴이 줄어든다. 이를 최대한 보완하기 위해 여성들도 푸시업을 해야 한다. 여성들은 쇄골 바로 아래 소흉근을 발달시켜야 한다. 이 부분은 가슴 중앙에 있는 대흉근에 비해 지방이 많지 않고 근육도 작다. 소흉근을 단련해 근육이 커지면 옆에서 봤을 때 가슴이 커 보인다. 소흉근은 위에서 가슴을 잡아주는 근육이다. 따라서 소흉근이 커지고 근력이 생기면 가슴이 업 되면서 커 보일 수 있다. 소흉근을 자극하는 가장 좋은 방법이 푸시업이다. 여성들은 팔 힘이 약하다. 푸시업을 할 때 가슴에 자극이 많이 들어가기보다는 팔이 아파서, 팔에 힘이 없어서 못하는 경우가 많다. 무릎을 대고 약한 강도로 시작해 운동 강도를 조금씩 높여가면 횟수를 늘릴 수 있다.

푸시업을 통해 소흉근을 발달시키면 가슴에서 팔로 이어지는 겨드랑이 부분에 탄력이 생긴다. 그러면 민소매 옷을 입었을 때 살이 옆으로 삐져나오는 현상이 사라진다. 팔 뒤쪽 삼두근도 발달하기 때문에 팔뚝이 처지지 않는다. 푸시업은 가슴과 팔의 라인을 살려주는 만큼 여성에게 꼭 필요한 운동이다.

사이드 레터럴 레이즈 & 프론트 레터럴 레이즈

side lateral raise & front lateral raise

사이드 레터럴 레이즈는 어깨 측면 삼각근을 발달시켜 어깨 라인을 잡아주는 운동이다. 프론트 레이즈는 어깨 정면 삼각근을 발달시켜 쇄골 라인을 잡아준다.

동양 여성은 대부분 어깨가 좁은 체형을 가지고 있다. 어깨가 좁으면 얼굴이 더 커 보인다. 어깨가 축 처져 있으면 목에서 어깨로 떨어지는 라인이 예쁘지 않다. 때문에 레터럴 레이즈를 통해 어깨 근육을 발달시켜야 한다. 가끔 서양인들처럼 어깨가 넓은 여성들이 있다. 이런 여성들은 어깨가 더 넓어질까 봐 어깨 운동을 하지 않는다. 하지만 어깨 운동을 해도 어깨는 좀처럼 넓어지지 않는다. 정말 무거운 무게를 들지 않는 이상 어깨가 커진다는 것은 힘든 일이다. 어깨가 넓은 여성 대부분은 팔이 긴 체형을 갖고 있다. 어깨 운동으로 어깨와 팔의 라인이 살면 팔이 더 가늘어 보인다. 어깨가 넓은 여성도 어깨 운동은 반드시 필요하다.

여성을 위한 복근운동

크런치 | crunch

여성들은 허리가 옆으로 잘록하게 들어가 보이는 내 천(川) 자 복근을 선호한다. 여성이 원하는 내 천(川) 자 복근, 어떻게 만들어야 할까?

크런치는 상복부를 단련시키는 운동이다. 복직근 상부를 발달시킨다. 복직근은 배에 있는 가장 큰 근육으로 크런치를 하면 윗부분이 발달한다. 크런치는 기본적인 복부운동으로 자극을 가장 빠르게 느낄 수 있다. 그래서 크런치로 복부운동을 시작하는 경우가 많다.

복직근 상부에 근육량이 적은 여성들은 밥을 먹자마자 명치 아랫부분이 불룩 튀어나온다. 상복부에 있는 근육이 약하고 체지방이 많기 때문이다. 상복부에 배가 나오면 옷을 입었을 때 맵시가 나지 않고, 꽉 끼는 옷을 입었을 때 소화불량이 생긴다. 배의 윗부분을 집어넣는 운동이 바로 크런치다.

리버스 크런치 | reverse crunch

리버스 크런치는 복직근 하부를 발달시켜 아랫배를 탄력 있게 만들어주는 운동이다. 크런치와 리버스 크런치를 병행하면 복직근 전체가 발달한다. 복직근 전체를 발달시켜야 내 천(川) 자 복근을 만들 수 있다.

복부운동을 할 때는 집중을 해야 한다. 복부는 근육이 별로 없고 지방이 많아 근육을 자극하기가 어렵기 때문이다. 복부는 근육 자극을 제대로 느끼려면 많은 노력과 집중이 필요하다.

레그 레이즈 leg raise

레그 레이즈는 하복부 복횡근을 강화하는 운동이다. 아랫배, 일명 '똥배'라고 하는 부분을 자극하는 것이다. 여성들이 가장 고민하는 부위가 바로 여기다. 여성들은 이 부분에 피하지방이 많이 쌓여있다. 그래서 근육을 단련하지 않으면 튀어나오거나 늘어지기 쉽다. 레그 레이즈는 아랫배의 지방을 제거하고 근육을 키우는데 가장 좋은 운동이다. 아랫배는 하체와 함께 체지방이 가장 늦게 빠지는 부위다. 레그 레이즈를 열심히 해야 내 천(川) 자 복근이 완성된다.

사이드 밴드 side bend

사이드 밴드는 옆구리 외복사근을 발달시켜 옆구리 라인을 잡아주는 운동이다. 옆구리 피하지방 역시 가장 빼기 어려운 부분이다. 사이드 밴드로 옆구리 근육을 발달시키지 않으면 피하지방이 늘어져 옆구리가 튀어나온다. 옆구리가 튀어나오지 않아야 잘록해 보이는 허리 라인을 만들 수 있다.

리버스 트렁크 트위스트 reverse trunk twist

리버스 트렁크 트위스트는 복부 옆 외·내복사근을 발달시켜주는 운동이다. 이 운동은 강도가 높아 초보자는 부상을 입을 위험이 있다. 따라서 다른 복부 운동에 능숙해진 뒤에 이 운동을 하는 것이 좋다. 특히 복부 운동은 목이나 허리 부상의 위험이 있기 때문에 주의해야 한다. 리버스 트렁크 트위스트는 가장 마지막에 실시할 복부 운동으로 옆구리를 더 잘록하게 보일 수 있도록 해 준다. 내 천(川) 자 복근 바깥쪽을 선명하게 만들어주는 운동 방법이다.

여성을 위한 다이어트 식단

요즘은 여러 가지 방법의 다이어트 식단 정보가 인터넷을 통해 알려져 있다. 여성들은 누가 어떤 방법을 통해 다이어트를 했다는 얘기만 들어도 나도 한번 해볼까 라는 생각을 한다. 실천에 옮기는 이들은 하다가 포기하는 경우가 대부분이다. 방법이 다양한 만큼 올바른 다이어트 식단도 드물기 때문이다.

우리는 서로 다른 체형과 몸무게를 가지고 있다. 그만큼 각자 먹어야하는 양도 다르다.

좋아하는 음식, 싫어하는 음식 또한 각자의 식성에 따라 다르다. 그렇기 때문에 다른 사람이 경험한 다이어트 식단을 따라하다 중간에 포기하는 경우가 많다. 다이어트는 좋아하는 음식을 먹고 즐기며 해야 성공 할 수 있다. 좋아하는 음식을 먹으면서 다이어트를 하고 싶다면 다이어트 식단에 대해 공부해라! 그러면 다이어트는 나에게 고통이 아닌 즐거움이 될 것이다.

다이어트 식단은 기본적으로 지방을 최소화하고 단백질과 탄수화물로 구성한다. 먼저 섭취량을 계산한 뒤 좋아하는 음식을 선택해 아침→간식→점심→간식→저녁으로 하루 다섯 번에 나누어 먹는다.

탄수화물 섭취량 계산법

- 평소 탄수화물 섭취량: 몸무게 × 2.5 = (g)
- 다이어트 시 탄수화물 섭취량: 몸무게 × 1.5 = (g)

  예) 55kg × 1.5 =82g 섭취

단백질 섭취량 계산법

- 평소 단백질 섭취량: 몸무게 × 0.8 = (g)
- 다이어트 시 단백질 섭취량: 몸무게 × 1.5 = (g)

  예) 55kg × 1.5 =82g 섭취

수분 섭취량 계산법

- 하루 수분 섭취량(g) = 체중(kg) × 14 × 2.2

  예) 55kg × 14 × 2.2 =1.7ℓ 섭취

탄수화물 종류와 탄수화물량

	식품 종류	탄수화물량(g)
밥	현미밥 1공기(200g)	45
	잡곡밥 1공기(200g)	50
	흰쌀밥 1공기(200g)	60
빵	호밀빵 2조각	25
	잡곡빵 2조각	30
	식빵 2조각	35
과일	딸기 100g	8
	자몽 1개(100g)	8
	오렌지 1개(100g)	15
	사과 1개(100g)	20
	바나나 1개(100g)	25
	배 1개(100g)	30
채소	단호박 100g	10
	고구마 100g	20
	감자 100g	25
	방울 토마토 100g	4
	양배추 100g	6
	양상추 100g	3
	양파 100g	10
	버섯 100g	4
	파프리카 100g	4

단백질 종류와 단백질량

식품 종류	단백질량(g)
삶은 달걀흰자 1개	5
두부 100g	20
생선 100g	30
육류 100g	30
닭고기 100g	30
해산물 100g	30

식단 1

달걀 스크램블 볶음밥

준비 재료
달걀흰자 3개, 노른자 1개(달걀을 풀어 준비), 잡곡밥, 채소(양파, 당근, 파프리카, 브로콜리를 다져서 준비), 올리브오일, 간장

조리법
1. 프라이팬에 올리브오일을 조금만 두르고 채소를 살짝 볶는다.
2. 채소가 어느 정도 익으면 달걀을 넣고 볶는다.
3. 달걀이 익으면 잡곡밥을 넣고 볶다가 간장을 넣고 간을 맞춘다.

식단 2

소고기 채소 볶음

준비 재료
소고기 등심, 채소(양파, 양배추, 브로콜리, 송이버섯을 깨끗이 씻어 한입 크기로 잘라서 준비), 소금

조리법
1. 소고기를 얇게 썬다.
2. 프라이팬에 소고기 등심을 아주 살짝 볶는다.
3. 프라이팬에 올리브오일을 두르고 채소를 살짝 볶아주다 소고기 등심을 넣고 같이 볶는다.
4. 소금을 소량 넣어 간을 맞춘다.

식단 3

굴 미역국

준비 재료
굴, 미역 5g, 다진 마늘, 국 간장, 참기름

조리법
1. 건미역을 찬물에 불려서 씻은 후 체에 밭쳐 물기를 뺀다.
2. 냄비에 참기름을 두르고 미역과 다진 마늘, 국 간장을 넣고 미역이 부드러워지도록 볶아주다 물을 부어 끓인다.
3. 국물이 끓어오르면 굴을 넣고 떠오르는 거품을 수저로 걷어낸다.

점심 식사 레시피

식단 1	**닭 가슴살 꼬치** **준비 재료** 닭 가슴살, 가래떡, 대파, 꼬치소스(고추장 1T, 마늘, 굴소스) **조리법** 1. 닭 가슴살은 칼집을 내어 우유와 바질, 후춧가루를 넣고 1시간 이상 숙성시킨다. 2. 떡과 대파를 한입 크기로 자른다. 3. 숙성된 닭 가슴살을 한입 크기로 잘라 살짝 삶는다. 4. 준비한 대파, 닭 가슴살, 가래떡 을 꼬치에 꽂는다. 5. 준비한 양념을 꼬치에 바른다. 6. 프라이팬에 올리브오일을 살짝 뿌려 양념된 꼬치를 살짝 굽는다.
식단 2	**고구마 떡볶이** **준비 재료** 떡, 고구마, 채소(양배추, 양파, 버섯, 당근, 파), 다진 마늘, 고추장 **조리법** 1. 냄비에 물을 끓여 고추장과 마늘 다진 것을 넣고 끓인다. 2. 고구마 껍질을 까서 먹기 좋게 잘라 냄비에 넣는다. 3. 준비한 떡과 딱딱한 채소 순서대로 넣고 끓인다.
식단 3	**목살 & 닭가슴살 김치말이 찜** **준비 재료** 목살, 닭 가슴살, 한번 씻은 김치 한 포기, 멸치 육수 한 컵 김치국물 한 국자, 양파, 대파, 다진 마늘, 들기름 **조리법** 1. 한번 씻은 김치를 한 장씩 펴서 목살과 닭 가슴살을 넣고 골고루 말아준다. 2. 양파를 채 썰어 냄비에 듬뿍 넣는다. 3. 목살&닭 가슴살 김치말이를 양파 위에 차곡차곡 쌓아준다. 4. 멸치육수와 김치국물을 붓고 들기름과 다진 마늘을 넣고 끓인다. 5. 반쯤 익으면 위에 대파를 썰어 올려준다. 고기가 다 익을 때까지 끓인다.

저녁 식사 레시피

식단 1

삼치찜

준비 재료
삼치, 마늘, 양파

조리법
1. 삼치를 먹기 좋게 다듬는다.
2. 마늘과 양파는 채썬다.
3. 찜통에 삼치를 넣고 삼치위에 마늘과 양파를 얹어 찐다.

식단 2

단호박 & 닭 가슴살 볶음

준비 재료
단호박, 닭 가슴살, 채소(양파, 파프리카, 송이버섯, 파), 양념장(고추장 2T, 고춧가루 1T, 간장 1T, 매실청 2T, 메이플 시럽 1T, 다진 마늘 1/2T)

조리법
1. 단호박 뚜껑 부분을 육각형으로 구멍을 내어 숟가락으로 씨를 긁어낸다.
2. 프라이팬에 다진 마늘을 넣고 살짝 볶다 닭 가슴살을 넣고 같이 볶는다.
3. 채소를 넣고 볶다 양념장을 넣고 같이 볶는다.
4. 볶은 닭 가슴살을 단호박 안에 넣고 뚜껑을 닫아 찜통에 넣고 찐다.

식단 3

카레 덮밥

준비 재료
쇠고기 안심, 채소(감자, 고구마, 양파, 당근, 브로콜리, 새송이버섯을 큼직하게 깍둑썰기해서 준비), 카레가루, 올리브오일, 후추, 월계수 잎

조리법
1. 쇠고기 안심은 3cm 정도로 깍둑썰기를 하고, 맛술, 소금, 후추를 조금씩(1/3스푼) 정도 넣고 밑간을 한다.
2. 냄비에 올리브오일을 두르고, 준비해둔 채소를 넣고 볶다가 쇠고기를 넣는다.
3. 쇠고기 겉면이 살짝 익을 정도로 볶아주다가 물을 넣는다. 물이 끓기 시작하면 카레가루를 넣어 섞는다.
4. 재료가 완전히 익으면 후추 조금과 월계수 잎을 3~4장 넣고 함께 끓인다.

주먹밥 도시락 레시피

식단 1

멸치 견과류 주먹밥

준비 재료
현미밥, 잔멸치, 견과류, 간장, 마늘, 메이플 시럽, 올리브오일

조리법
1. 프라이팬에 마늘을 얇게 썰어 잔멸치와 함께 올리브유를 조금 넣고 살짝 볶는다.
2. 3분~5분 정도 멸치와 마늘을 볶다 간장과 메이플 시럽으로 간을 한다.
3. 견과류를 넣고 같이 볶는다.
4. 멸치볶음과 현미밥을 함께 넣고 비빈다.
5. 비닐장갑을 끼고 한입 크기로 동글게 만든다.

식단 2

오징어 볶음 주먹밥

준비 재료
현미밥, 오징어 몸통, 채소(피망, 양파, 매운 고추, 대파를 채 썰어 준비), 양념장 (고추장 2T, 고춧가루 1T, 간장 1T, 매실청 2T, 메이플 시럽 1T, 다진마늘 1/2T), 올리브오일

조리법
1. 오징어 껍질을 벗겨 칼집을 내서 먹기 좋게 잘라 양념장에 버무린다.
2. 프라이팬에 올리브오일을 넣고 다진 마늘과 매운 고추를 넣고 볶다 준비한 채소와 오징어를 넣고 오징어가 익을 때까지 같이 볶는다.
3. 오징어가 익으면 현미밥을 넣고 볶는다.
4. 비닐 장갑을 끼고 한입 크기로 동글게 만든다.

식단 3

두부 김치 주먹밥

준비 재료
현미밥 , 김치, 두부, 양파, 당근, 피망, 깻잎, 올리브오일, 소금

조리법
1. 채소와 김치는 다져서 준비한다.
2. 두부는 거즈나 키친타월을 이용해서 물기를 짜준다.
3. 프라이팬에 올리브오일을 두르고 채소를 살짝 볶다가 김치를 넣는다. 마지막에 깻잎을 넣는다.
4. 볶은 채소와 현미밥, 두부를 넣고 비빈다.
5. 비닐 장갑을 끼고 한입 크기로 동글게 만든다.

식단 1

고구마 경단

준비 재료
고구마, 꿀, 아몬드, 호두, 호박씨

조리법
1. 고구마를 쪄서 껍질을 벗기고 으깨서 준비한다.
2. 견과류는 곱게 다져서 준비한다.
3. 으깬 고구마는 한입 크기로 동그랗게 완자를 빚는다.
4. 동그랗게 빚은 고구마 경단에 꿀을 발라 견과류를 뿌려준다.

식단 2

과일 스무디

준비 재료
딸기, 바나나, 블루베리, 얼음

조리법
1. 딸기, 바나나, 블루베리를 넣고 믹서기에 갈아준다.
2 얼음을 넣고 같이 갈아준다.

식단 3

견과류 강정

준비 재료
오트밀, 호두 분태, 아몬드 분태, 호박씨, 잣, 검은콩, 블루베리, 건자두꿀, 올리고당, 올리브오일

조리법
1. 오트밀을 약한 불에 살짝 볶아주다 견과류를 넣고 같이 볶는다.
2. 프라이팬에 꿀과 올리고당을 넣고 중불로 끓여 시럽을 만든다.
3. 만들어 놓은 시럽에 볶아놓은 견과류, 블루베리, 건자두를 넣고 같이 볶는다.
4. 적당한 사각 틀에 크린랩을 깔고 올리브오일을 살짝 바른다.
5. 볶은 강정을 사각 틀에 넣어 비닐 장갑을 끼고 손으로 눌러준다.
6. 냉동실에 5분 정도 넣었다 꺼낸다. 강정에 쌓인 랩을 벗겨서 칼로 자른다.

✱ 음식 칼로리 표

단위 (Kcal)

분식류 1인분	열량	탄수화물	단백질	지질
김밥	475	300	25	150
김초밥	500	325	75	100
김치볶음밥	450	300	50	100
떡국	425	325	50	50
돌솥밥	375	300	25	50
만두국	425	150	75	200
비빔밥	525	300	100	125
생선초밥	550	300	200	50
쇠고기덮밥	475	325	75	75
오므라이스	525	325	75	125
유부초밥	525	300	50	175
짜장덮밥	500	350	50	100
카레라이스	625	400	75	150
콩나물덮밥	400	300	50	50
회덮밥	500	350	100	50
해물덮밥	425	300	75	50
돈가스 정식	500	175	100	225
생선가스 정식	800	400	200	200
순대	300	175	25	100

단위 (Kcal)

볶음 1인분	열량	탄수화물	단백질	지질
소시지 채소볶음	175	50	25	100
김치볶음	100	0	25	75
제육볶음	225	50	50	125
잡채볶음	200	125	25	50
오징어볶음	150	25	75	50
낙지볶음	150	50	50	50
닭볶음	250	75	50	125
멸치볶음	100	25	25	50
버섯볶음	50	25	0	25
호박볶음	50	25	0	25

중국음식 1인분	열량	탄수화물	단백질	지질
군만두	500	175	125	200
볶음밥	475	300	50	125
울면	450	250	50	150
짜장면	425	275	50	100
잡채밥	500	325	75	100
짬뽕	425	275	75	75
탕수육	600	200	100	300

샐러드(작은 접시)	열량	탄수화물	단백질	지질
감자 샐러드	150	75	0	75
과일 샐러드	175	100	0	75
채소 샐러드	125	25	0	100
옥수수 샐러드	175	75	0	100
코울슬로	150	75	0	75

구이 (생선 1토막, 기타 중간 접시)	열량	탄수화물	단백질	지질
고등어구이	200	0	150	50
꽁치구이	175	0	100	75
갈치구이	100	0	75	25
굴비구이	125	0	75	50
군고구마	175	150	25	0
군감자	75	50	25	0
돼지갈비구이	225	50	50	125
불고기	175	50	50	75
삼겹살구이	200	0	50	150
삼치구이	125	0	50	75
등심구이	175	25	50	100

전, 튀김(작은 접시)	열량	탄수화물	단백질	지질
달걀말이	125	25	25	75
달걀부침	100	0	25	75
김치전	175	75	25	75
녹두전	225	75	50	100
해물파전	175	50	50	75
호박전	100	50	25	25
감자 튀김	125	50	25	50
닭다리 튀김	175	25	50	100

조림 (생선 중간 접시, 기타 작은 접시)	열량	탄수화물	단백질	지질
갈치무조림	125	25	50	50
감자조림	100	75	25	0
고등어조림	200	25	75	100
쇠고기장조림	125	0	75	50
콩조림	100	50	25	25

빵(개)	열량	탄수화물	단백질	지질
감자 크로켓	475	175	50	250
곰보빵	300	175	25	100
단팥빵	250	175	25	50
생크림 케이크 1조각	200	100	0	100
슈크림 빵	225	125	25	75
식빵 3조각	300	200	50	50
와플	250	150	25	75
카스텔라	325	225	25	75
파운드 케이크 2조각	600	250	50	300
피칸 파이 1조각	400	200	25	175
피자 1조각	400	175	75	150
햄버거	350	150	75	125
핫도그	250	75	50	125

김치(작은 접시)	열량	탄수화물	단백질	지질
깍두기	25	25	0	0
나박김치	25	25	0	0
동치미	25	25	0	0
배추김치	25	25	0	0
열무김치	25	25	0	0
오이소박이	25	25	0	0
총각김치	25	25	0	0

채소(1인분)	열량	탄수화물	단백질	지질
당근 100g	35	35	0	0
두부 1/6모	75	0	25	50
상추 5장	10	0	0	0
양파 100g	35	35	0	0
오이 100g	10	10	0	0
풋고추 10개	20	20	0	0
깻잎	10	10	0	0

과일(1개)	열량	탄수화물	단백질	지질
감	75	75	0	0
건포도 50알	75	75	0	0
곶감 2개	150	150	0	0
대추 10개	50	50	0	0
귤	50	50	0	0
딸기 7개	50	50	0	0
바나나	100	100	0	0
배	150	150	0	0
방울토마토	25	25	0	0
복숭아	100	100	0	0
사과	100	100	0	0
수박 2조각	75	75	0	0
오렌지	75	75	0	0
자두	25	25	0	0
자몽	100	100	0	0
참외	125	125	0	0

어·육류(중간 접시)	열량	탄수화물	단백질	지질
굴회	75	25	25	25
낙지	75	25	25	25
새우	100	25	75	25
생선 모듬회	125	25	75	25
오징어	75	0	75	0
육회	100	25	50	25
해삼	50	25	25	0

견과류(작은 접시)	열량	탄수화물	단백질	지질
땅콩	75	0	25	50
아몬드	75	0	0	75
은행	25	25	0	0
잣	100	0	25	75
호두	75	0	0	75

PART 06

여성을 위한
12주 근력운동 프로그램

운동 적응기 (1주~4주 프로그램)

근육 발달기 (4주~8주 프로그램)

보디라인 완성기 (8주~12주 프로그램)

>>> 운동 전 스트레칭

매일 같은 자세로 생활하는 현대인들은 근육이 경직되기 쉽다. 스트레칭으로 풀어주지 않으면 근육이 뭉치면서 통증이 생기기도 한다. 매일 운동을 하는 사람도 운동 전 스트레칭은 꼭 필요하다. 스트레칭으로 근육을 풀어주지 않은 상태에서 운동을 하면 근육이 긴장한다. 근육에 피로물질이 많이 쌓여 근육통이 생기거나 자칫 부상의 위험이 있다. 스트레칭은 근육통을 예방하고 근육의 탄력성을 회복하는데 매우 효과적이다.

스트레칭은 굳은 근육을 풀어주고 혈액순환을 촉진해 근육에 피로물질이 덜 쌓이도록 한다. 관절을 이완시켜 운동 범위를 늘려주고 부상의 위험 역시 줄일 수 있다. 운동의 효과를 높이기 위해 운동 전 꼭 스트레칭을 하자.

>>> 운동 후 스트레칭

운동 후에도 스트레칭이 필요하다. 근력운동을 하면 근육이 단단하게 수축한다. 스트레칭으로 근육을 늘려

주면 근육의 피로를 해소하는데 도움이 된다. 부상을 막고 운동 효과를 높이기 위해 운동 전 스트레칭이 필

요하듯 운동을 마친 뒤에도 정리운동을 해줘야 한다. 운동 후 스트레칭은 피로물질 제거와 근육 혈류량을

정상상태로 되돌려주는 효과가 있다. 통증이 생기지 않는 범위까지 근육을 서서히 늘린다. 30초에서 1분가

량 정적인 상태를 유지하면 스트레칭 효과가 더 좋다.

※모든 스트레칭은 좌·우를 반복해 줍니다.

짐 볼 스쿼트 Gym ball squat

- **주 운동 부위** 허벅지 앞(대퇴사두근)
- **부 운동 부위** 엉덩이(대둔근), 허벅지 뒤(슬와부굽힘근)
- **횟수** 15회~20회
- **세트** 3세트

준비 자세

- 등과 벽 사이에 짐 볼을 고정한다.
- 다리를 어깨너비로 벌리고 발뒤꿈치가 바닥에서 떨어
  지지 않도록 한다.
- 양팔은 앞으로 나란히 펴고, 시선은 턱을 당겨 정면 위
  로 향한다.

step 1

- 숨을 들이마시며 허리를 곧추세운 채 누군가 엉덩이를 밑에서 잡아당긴다는 느낌으로 내려간다.
- 허벅지가 지면과 수평이 되거나 약간 아래로 내려올 때까지 무릎을 구부린다.
- 공을 따라 그래도 일자로 움직인다.

step 2

- 호흡을 내쉬면서 무릎을 펴며 일어난다.

등을 구부리거나
몸을 앞으로 숙이지 않기!

무릎이 발끝 앞으로
나가지 않도록 조심!

허벅지에 긴장 풀지 말기!

무릎은 다 펴지지 않게
살짝 구부린 상태 유지!

짐 볼 데드리프트 Gym ball dead lift

- **주 운동 부위** 허리(척추기립근)
- **부 운동 부위** 엉덩이(대둔근) , 허벅지 뒤(슬와부굽힘근)
- **횟수** 12회~15회
- **세트** 3세트

준비 자세

- 다리를 어깨너비로 벌린다.
- 양손으로 짐 볼을 들고 팔을 살짝 구부려 짐 볼을 가슴 앞에 고정한다.
- 시선은 턱을 당겨 정면 아래로 향한다.

step 1

- 숨을 들이마시면서 짐 볼을 앞으로 민다.
- 의자에 앉는다는 느낌으로 엉덩이를 쭉 빼면서 상체를 앞으로 숙인다.
- 시선은 짐 볼을 향하고 허리를 곧게 편다.

step 2

- 호흡을 내쉬면서 상체를 들어 올려 허리를 펴주고 가슴을 내민다.

어깨가 앞으로 구부러지지 않도록 가슴을 활짝 펴기!

허리가 구부러지지 않도록 배에 힘 꽉 주기!

짐 볼 런지 Gym ball lunge

- **주 운동 부위** 허벅지 앞(대퇴사두근)
- **부 운동 부위** 엉덩이(대둔근), 허벅지 뒤(슬관절굽힘근)
- **횟수** 12회~15회
- **세트** 3세트

준비 자세

- 짐 볼을 잡아 가슴 앞으로 안아준다.
- 발은 11자 형태로 골반 너비로 선다.
- 한쪽 발을 앞으로 내밀며 구부린다. 이때 몸은 곧게 세우고 시선은 정면을 바라본다.

step 1

- 숨을 들이마시면서 앞으로 내민 다리의 무릎이 90도 각도가 되도록 구부린다.
- 뒤쪽 무릎은 자연스레 바닥을 향하고, 뒤쪽 무릎이 지면에 닿기 직전까지 양쪽 다리를 구부린다. 뒤쪽 뒤꿈치는 자연스럽게 든다.

step 2

- 숨을 내쉬면서 앞쪽 뒤꿈치에 힘을 주며 일어선다. 이때 뒤쪽 무릎은 완전히 펴서 엉덩이에 힘을 주고, 앞무릎은 살짝 구부린 상태를 유지한다.
- 반대쪽도 같은 방법으로 실시한다.

등과 허리는 항상 똑바로 편 상태 유지!

앞쪽 무릎이 발끝을 넘어서지 않도록 주의!

푸시업 push up

- **주 운동 부위** 가슴(대흉근)
- **부 운동 부위** 어깨정면(삼각근 정면), 팔 뒤(삼두근)
- **횟수** 12회~15회
- **세트** 3세트

준비 자세

- 바닥에 무릎을 대고 엎드린 상태에서 양손을 어깨에서 바깥쪽으로 한 뼘 넓은 곳에 짚는다.
- 상체를 들어 올려 팔꿈치를 살짝 구부린 상태까지 편다.
- 턱을 당기고 시선은 정면 바닥을 향한다.

엉덩이를 들거나 내리지 않게 조심!

허리에 힘을 줘 등을 일직선으로 유지!

step 1

- 숨을 들이마시면서 가슴을 바닥으로 내미는 느낌으로 팔을 구부린다.
- 가슴에 힘을 주면서 가슴을 바닥 바로 위까지 내린다.

반동을 이용하지 않고
어깨가 손바닥보다 뒤로 밀리지 않도록 조심!

step 2

- 숨을 내쉬면서 삼두근에 힘을 주며 가슴을 모아주는 느낌으로 팔을 펴준다.

짐 볼 크런치 Gym ball crunch

- **주 운동 부위** 상복부(복직근 상부)
- **횟수** 15회~20회
- **세트** 3세트

준비 자세

- 짐 볼 위에 앉아 다리를 어깨너비로 벌려 발바닥을 바닥에 고정한다.
- 짐 볼을 등 쪽으로 굴려 허리에 고정하고 손바닥을 귀 옆에 댄다.
- 턱을 당겨 시선은 무릎을 향한다.

step 1

• 숨을 내쉬면서 상복부에 힘을 주고 상체를 둥글게 말아 올린다.

step 2

• 숨을 들이마시면서 상체를 뒤로 젖혀 제자리로 돌아온다.

팔이나 목에
힘이 들어가지 않도록 조심!

복부의 힘으로만 올라오기!

머리가 뒤로 젖혀져
목에 무리가 가지 않도록 주의!

짐 볼 레그 레이즈 Gym ball leg raise

- **주 운동 부위** 하복부(복직근 하부)
- **횟수** 15회~20회
- **세트** 3세트

준비 자세

- 매트에 등을 대고 편하게 누운 뒤, 짐 볼을 양발 안쪽에 끼운다.
- 무릎을 살짝 구부린 상태에서 양발을 수직으로 들어 올린다.
- 복부의 긴장을 유지하기 위해 손바닥을 머리 뒤로 깍지 끼고 턱을 당겨 시선은 짐 볼 중앙을 바라본다.

허리가 들리지 않도록
복부에 긴장 유지!

step 1

• 숨을 들이마시면서 짐 볼이 바닥에 닿기 직전까지 다리를 천천히 내린다.

무릎이 구부러지지
않도록 각도 유지!

step 2

• 숨을 내쉬면서 복부로 다리를 끌어 올린다는 느낌으로 짐 볼이 천장을 향하도록
다리를 올린다.

짐 볼 사이드 밴드 Gym ball side bend

- **주 운동 부위** 옆구리(외복사근)
- **횟수** 15회~20회
- **세트** 3세트

준비 자세

- 다리를 어깨너비로 벌려 바닥에 고정시킨다.
- 양손으로 짐 볼을 잡고, 위로 향하게 든다.
- 턱을 당겨 시선은 정면 아래로 향한다.

step 1

- 숨을 들이마시면서 옆구리가 늘어나도록 상체를 옆으로 기울인다.

골반이 앞뒤로 틀어지지 않고, 옆으로 반듯하게 골반 방향 잘 잡기!

step 2

- 숨을 내쉬면서 옆구리에 힘을 주며 상체를 일으 킨다.
- 반대쪽도 같은 방법으로 실시한다.

어깨에 힘이 들어가 긴장하지 않도록 주의!

덤벨 스쿼트 & 숄더 프레스 dumbbell squat & shoulder press

- **주 운동 부위** 허벅지 앞(대퇴사두근) , 어깨 정면 측면(삼각근)
- **부 운동 부위** 엉덩이(대둔근) , 허벅지 뒤(슬관절굽힘근) , 허리(척추기립근), 팔 뒤(삼두근)
- **횟수** 12회~15회
- **세트** 3세트

준비 자세

• 어깨너비로 양발을 벌린 뒤 덤벨을 잡는다.
• 손바닥이 정면을 향하게 하고 팔꿈치를 90도로 구부려 준다.
• 턱을 당기고 시선은 정면을 향한다.

step 1

- 숨을 들이마시면서 엉덩이를 뒤로 빼고 허리를 편 상태로 무릎을 구부린다.
- 허벅지가 지면에 수평이 되거나 약간 더 내려올 때까지 무릎을 구부린다.

step 2

- 숨을 내쉬면서 발뒤꿈치로 바닥을 미는 느낌으로 허벅지에 힘이 들어가게 일어선다.
- 팔은 살짝 구부린 상태까지 펴서 덤벨을 머리 위로 올려준다.

덤벨이 천장과 일직선이 아닌 앞이나 뒤쪽을 향하지 않도록 주의!

상체가 45도 이상 숙여지지 않도록 주의!

위에서 봤을 때 무릎과 발끝은 같은 선상에 위치!

밴드 데드리프트 bend dead lift

- **주 운동 부위** 허리(척추기립근)
- **부 운동 부위** 엉덩이(대둔근), 허벅지 뒤(슬와부굽힘근), 등(승모근, 광배근)
- **횟수** 12회~15회
- **세트** 3세트

준비 자세

- 밴드를 두 발로 밟아 다리를 어깨너비로 벌려준다.
- 양발 옆에서 밴드를 한 뼘 정도 짧게 양손으로 잡아 상체를 올려 차렷 자세를 유지한다.
- 시선은 턱을 당겨 정면 아래로 향한다.

step 1

- 숨을 들이마시면서 의자에 앉는다는 느낌으로 엉덩이를 빼면서 상체를 앞으로 숙인다.
- 양팔은 차렷 자세를 유지한다.

step 2

- 호흡을 내쉬면서 상체를 들어 올려 허리를 펴주고 가슴을 내민다.
- 어깨가 위로 올라가지 않게 양팔은 차렷 자세를 유지한다.

어깨가 앞으로 구부러지지 않도록 가슴을 활짝 펴기!

허리가 구부러지지 않도록 배에 힘!

푸시업 & 트렁크 로테이션 콤보 push up & trunk rotation combo

- **주 운동 부위** 가슴(대흉근)
- **부 운동 부위** 어깨정면(삼각근 정면), 팔 뒤(삼두근), 옆구리(외복사근)
- **횟수** 12회~15회
- **세트** 3세트

준비 자세

- 바닥에 무릎을 대고 엎드린 상태에서 양손을 어깨에서 바깥쪽으로 한 뼘 넓은 곳에 짚는다.
- 상체를 들어 올려 팔꿈치를 살짝 구부린 상태까지 편다.
- 턱을 당기고 시선은 정면 바닥을 향한다.

엉덩이를 들거나 내리지 않고 허리에 힘을 줘
등을 일직선으로 유지!

step 1

• 숨을 들이마시면서 가슴을 바닥으로 내미는 느낌으로 팔을 구부린다.
• 가슴에 힘을 주면서 가슴을 바닥 바로 위까지 내린다.

팔만 위로 올리지 않고 몸통 전체 회전시키기!

step 2

• 숨을 내쉬면서 삼두근에 힘을 주며 가슴을 모아주는 느낌으로 팔꿈치를 펴고
몸통을 오른쪽으로 회전시키면서 오른팔을 위로 뻗는다.
• 시선은 손끝을 바라본다.
• 반대쪽도 같은 방법으로 실시한다.

덤벨 런지 & 사이드 레터럴 레이즈 dumbbell lunge & side lateral raise

- **주 운동 부위** 허벅지 앞(대퇴사두근), 어깨 측면(삼각근)
- **부 운동 부위** 엉덩이(대둔근), 허벅지 뒤(슬관절굽힘근)
- **횟수** 12회~15회
- **세트** 3세트

준비 자세

- 덤벨을 잡고 발은 11자 형태로 골반 너비로 선다.
- 한쪽 발을 앞으로 내밀며 구부린다.
- 몸은 곧게 세우고 시선은 정면을 바라본다.

step 1

- 숨을 들이마시면서 앞으로 내민 다리의 무릎
  이 90도 각도가 되도록 구부린다.
- 뒤쪽 무릎은 자연스레 바닥을 향하게 한다.
- 뒤쪽 무릎이 지면에 닿기 직전까지 양쪽 다리
  를 구부린다.
- 뒤쪽 뒤꿈치는 자연스럽게 든다.
- 양팔은 차렷 자세를 유지한다.

step 2

- 숨을 내쉬면서 앞쪽 뒤꿈치에 힘을 주며 일어
  선다. 이때 뒤쪽 무릎은 완전히 펴서 엉덩이에
  힘을 주고, 앞무릎은 살짝 구부린 상태를 유지
  한다.
- 손목, 팔꿈치, 어깨가 일직선을 유지하고 덤벨
  을 옆으로 뻗어 어깨높이까지 올려준다.
- 반대쪽도 같은 방법으로 실시한다.

손이 어깨보다
높이 올라가지 않도록 주의!

등과 허리는 항상
똑바로 편 상태 유지!

앞쪽 무릎이 발끝을
넘어서지 않도록 주의!

덤벨 런지 & 프론트 레터럴 레이즈 dumbbell lunge & front lateral raise

- **주 운동 부위** 허벅지 앞(대퇴사두근), 어깨 정면(삼각근)
- **부 운동 부위** 엉덩이(대둔근), 허벅지 뒤(슬관절굽힘근)
- **횟수** 12회~15회
- **세트** 3세트

준비 자세

- 양손으로 덤벨을 잡아 차렷 자세를 유지한다.
- 발은 11자 형태로 골반 너비로 선다.
- 한쪽 발을 앞으로 내밀며 구부린다. 이때 몸은 곧게 세우고 시선은 정면을 바라본다.

step 1

- 숨을 들이마시면서 앞으로 내민 다리의 무릎이 90도 각도가 되도록 구부린다.
- 뒤쪽 무릎은 자연스레 바닥을 향하게 한다.
- 뒤쪽 무릎이 지면에 닿기 직전까지 양쪽 다리를 구부린다.
- 뒤쪽 뒤꿈치는 자연스럽게 든다. 양팔은 차렷 자세를 유지한다.

step 2

- 숨을 내쉬면서 앞쪽 뒤꿈치에 힘을 주며 일어선다. 이때 뒤쪽 무릎은 완전히 펴서 엉덩이에 힘을 주고, 앞무릎은 살짝 구부린 상태를 유지한다.
- 손목, 팔꿈치, 어깨가 일직선을 유지하고, 팔을 앞으로 뻗어 덤벨을 어깨높이까지 올려준다.
- 반대쪽도 같은 방법으로 실시한다.

손이 어깨보다 높이 올라가지 않도록 주의

등과 허리는 항상 똑바로 편 상태 유지!

앞쪽 무릎이 발끝을 넘어서지 않도록 주의

밴드 사이드 밴드 bend side bend

- **주 운동 부위** 옆구리(외복사근)
- **횟수** 15회~20회
- **세트** 3세트

준비 자세

- 밴드를 두발로 밟아 다리를 어깨너비로 벌려준다.
- 오른쪽 손으로 발끝에서 한 뼘 정도 떨어진 위치에서 밴드를 잡아 올리다.
- 반대쪽 손은 머리 뒷부분에 살며시 댄다.

step 1

- 숨을 들이마시면서 밴드를 쥐고 있는 쪽의 팔이 허벅지를 타고 내려가는 느낌으로 옆구리를 굽힌다.
- 반대쪽 옆구리가 최대한 스트레칭 될 때까지 내려가 1초 정도 멈춘다.

step 2

- 늘어난 옆구리에 힘을 주며 처음 자세로 돌아온다.
- 반대쪽도 같은 방법으로 실시한다.

목과 어깨에 힘이 들어가지 않게 조심!

양쪽 어깨를 올리거나 팔꿈치 구부리지 않기!

골반을 반대쪽으로 내밀지 말고 허리 긴장 상태 유지!

V-싯 크런치 V-sit crunch

- **주 운동 부위** 복부 전체(복직근, 복횡근)
- **횟수** 12회~15회
- **세트** 3세트

준비 자세

- 상체와 하체에 긴장을 풀고 뒤로 눕는다.
- 양팔은 머리 위로 만세 자세를 취하고 시선은 천장을 바라본다.

머리가 뒤로 젖혀지지 않도록 조심!

팔과 어깨, 다리에 긴장을 풀고,
복부에 긴장 상태 유지!

step 1

- 숨을 내쉬면서 복부를 중심으로 상체와 하체를 동시에 힘껏 들어 올린다.
- 시선은 턱을 당겨 복부를 바라본다.

최대한 허리에 힘이 들어가지 않도록
복부에 긴장 상태 유지!

step 2

- 복부의 긴장을 유지한 채 천천히 상체와 하체를 바닥 바로 위까지 내린다.

bend squat & trunk rotation shoulder press

밴드 스쿼트 & 트렁크 로테이션 숄더프레스

- **주 운동 부위** 허벅지 앞(대퇴사두근), 옆구리(외복사근)
- **부 운동 부위** 엉덩이(대둔근), 허벅지 뒤(슬관절굽힘근), 허리(척추기립근),
  어깨 정면 측면(삼각근), 팔 뒤(삼두근)
- **횟수** 12회~15회
- **세트** 3세트

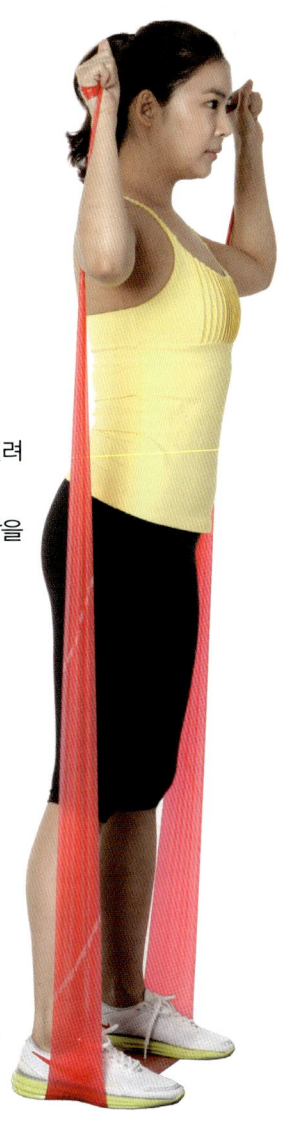

준비 자세

- 밴드 양 끝을 손에 말아 잡고 발을 어깨너비로 벌려
  밴드를 밟아준다.
- 밴드를 잡은 손바닥이 정면을 향하도록 하고 팔을
  90도로 구부린다.
- 턱을 당기고 시선은 정면을 향한다.

step 1

- 숨을 들이마시며 엉덩이를 뒤로 빼면서 허리를 편 상태로 무릎을 구부린다.
- 허벅지가 지면에 수평이 되거나 약간 더 내려올 때까지 무릎을 구부린다.

step 2

- 숨을 내쉬면서 뒤꿈치로 바닥을 미는 느낌으로 허벅지에 힘이 들어가게 일어선다.
- 양팔을 만세 자세로 올리며 몸통을 오른쪽으로 최대한 회전시킨다.
- 시선은 뒤로 향한다.
- 반대쪽도 같은 방법으로 실시한다.

상체가 45도 이상 숙여지지 않도록 조심!

무릎이 앞으로 나가지 않도록 무릎과 발끝은 같은 선상에 두기!

팔만 돌려 복부가 아닌 어깨에 힘이 들어가지 않도록 몸통을 최대한 회전!

벤트 오버 덤벨 로우 bent over dumbbell row

- **주 운동 부위** 허리(척추기립근), 등(승모근)
- **부 운동 부위** 엉덩이(대둔근), 허벅지 뒤(슬와부굽힘근), 등(광배근)
- **횟수** 12회~15회
- **세트** 3세트

준비 자세

- 양손으로 덤벨을 잡고 다리를 어깨너비로 벌린다.
- 엉덩이를 뒤로 빼면서 상체를 45도 앞으로 숙인다.
- 허리는 쭉 펴고 일직선을 유지한다.
- 덤벨은 손등이 앞으로 보이게 무릎 앞에 놓는다.
- 시선은 45도 바닥을 향한다.

step 1

- 숨을 내쉬면서 팔꿈치가 옆구리를 스치듯 덤벨을 배꼽 선까지 끌어 올린다. 손바닥을 마주 보게 한다.
- 가슴을 내밀면서 등 날개 뼈를 최대한 접는다.

step 2

- 숨을 들이마시면서 등에 힘을 준 채 허벅지와 무릎 옆 부분을 스치듯 덤벨을 내린다.

팔 근육이 아닌 등 근육을 이용해
덤벨을 들어 올리기!

등에 힘이 빠져 어깨가 앞으로
말리지 않도록 조심!

하체를 고정하고, 팔을 당길 때
상체를 들지 않도록 조심!

밴드 푸시업 bend push up

- **주 운동 부위** 가슴(대흉근)
- **부 운동 부위** 어깨 정면(삼각근 정면), 팔 뒤(삼두근)
- **횟수** 12회~15회
- **세트** 3세트

준비 자세

- 밴드를 겨드랑이 높이 등 뒤에 고정한다.
- 어깨에서 한 뼘 반 떨어진 위치에서 밴드를 말아 잡는다.
- 바닥에 무릎을 대고 엎드린 상태에서 양손을 어깨에서 바깥쪽으로 한 뼘 넓은 곳에 짚는다.
- 상체를 들어 올려 팔꿈치를 살짝 구부린 상태로 편다.
- 턱을 당기고 시선은 정면 바닥을 향한다.

엉덩이를 들거나 내리지 않게 조심!

허리에 힘을 줘 등을 일직선으로 유지!

step 1

- 숨을 들이마시면서 가슴을 바닥으로 내미는 느낌으로 팔을 구부린다.
- 가슴에 힘을 주면서 가슴을 바닥 바로 위까지 내린다.

반동을 이용하지 않고
어깨가 손바닥보다 뒤로 밀리지 않도록 조심!

step 2

- 숨을 내쉬면서 삼두근에 힘을 주며 가슴을 모아주는 느낌으로 팔을 펴준다.

dumbbell lunge & triceps extensio

덤벨 런지 & 트라이셉스 익스텐션

- **주 운동 부위** 허벅지 앞(대퇴사두근), 팔 뒤(삼두근)
- **부 운동 부위** 엉덩이(대둔근), 허벅지 뒤(슬관절굽힘근)
- **횟수** 12회~15회
- **세트** 3세트

준비 자세

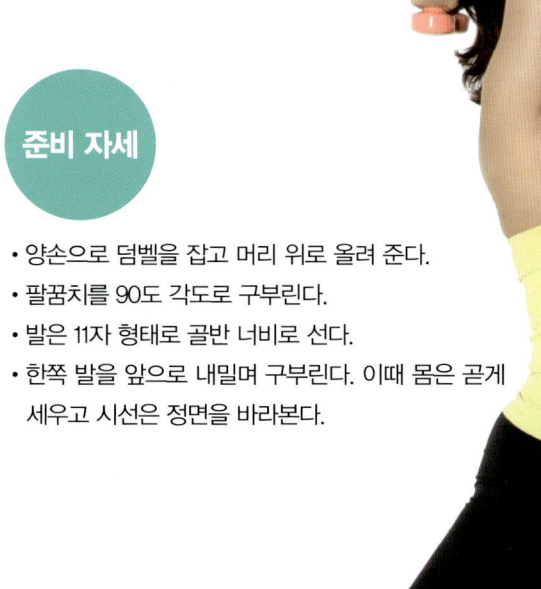

- 양손으로 덤벨을 잡고 머리 위로 올려 준다.
- 팔꿈치를 90도 각도로 구부린다.
- 발은 11자 형태로 골반 너비로 선다.
- 한쪽 발을 앞으로 내밀며 구부린다. 이때 몸은 곧게 세우고 시선은 정면을 바라본다.

step 1

- 숨을 들이마시면서 앞으로 내민 다리의 무릎 이 90도 각도가 되도록 구부린다.
- 뒤쪽 무릎은 자연스레 바닥을 향하게 한다.
- 뒤쪽 무릎이 지면에 닿기 직전까지 양쪽 다리 를 구부린다.
- 뒤쪽 뒤꿈치는 자연스럽게 든다.

step 2

- 앞쪽 뒤꿈치에 힘을 주며 일어선다. 이때 뒤쪽 무릎은 완전히 펴서 엉덩이에 힘을 주고, 앞 무릎은 살짝 구부린 상태를 유지한다.
- 양 팔꿈치를 살짝 구부린 상태까지 펴고 덤벨 과 팔꿈치 어깨가 일직선이 되게 유지한다.
- 반대쪽도 같은 방법으로 실시한다.

팔이 옆으로 벌어지지 않게 조심!

어깨에 힘이 과도하게 들어가지 않도록 조심!

등과 허리는 항상 똑바로 편 상태 유지!

앞쪽 무릎이 발끝을 넘어서지 않도록 조심!

덤벨 런지 & 바이셉스 컬 dumbbell lunge & biceps curl

- **주 운동 부위** 허벅지 앞(대퇴사두근), 팔 앞(이두근)
- **부 운동 부위** 엉덩이(대둔근), 허벅지 뒤(슬관절굽힘근)
- **횟수** 12회~15회
- **세트** 3세트

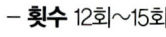

준비 자세

- 손바닥이 정면을 향하도록 덤벨을 잡는다.
- 팔꿈치를 옆구리 옆에 고정한다.
- 발은 11자 형태로 골반 너비로 선다.
- 한쪽 발을 앞으로 내밀며 구부린다. 이때 몸은 곧게 세우고 시선은 정면을 바라본다.

step 1

- 숨을 들이 마시면서 앞으로 내민 다리의 무릎이 90도 각도가 되도록 구부린다.
- 뒤쪽 무릎은 자연스레 바닥을 향하게 한다.
- 뒤쪽 무릎이 지면에 닿기 직전까지 양쪽 다리를 구부린다.
- 뒤쪽 뒤꿈치는 자연스럽게 든다.

step 2

- 숨을 내쉬면서 앞쪽 뒤꿈치에 힘을 주며 일어선다. 이때 뒤쪽 무릎은 완전히 펴서 엉덩이에 힘을 주고, 앞에 무릎은 살짝 구부린 상태를 유지한다.
- 팔을 들면서 강하게 팔 앞쪽 이두근을 수축시킨다.
- 반대쪽도 같은 방법으로 실시한다.

등과 허리는 항상 똑바로 편 상태를 유지!

손목이 아래로 꺾이지 않게 조심!

팔이 옆으로 벌어지지 않게 조심!

팔꿈치가 옆구리 옆을 벗어나지 않게 조심!

앞쪽 무릎이 발끝을 넘어서지 않도록 조심!

리버스 트렁크 트위스트 reverse trunk twist

- **주 운동 부위** 옆구리(내 · 외복사근)
- **부 운동 부위** 복부 전체(복직근)
- **횟수** 15회~20회
- **세트** 3세트

준비 자세

• 바닥에 누워 두 팔을 45도 아래로 뻗은 뒤 손바닥
  을 바닥에 고정한다.
• 두 다리를 모아 살짝 구부린 상태에서 수직으로 들
  어 올린다.
• 시선은 턱을 당겨 천장을 향한다.

step 1

- 숨을 내쉬면서 복부가 뒤틀리는 느낌이 나도록 다리를 오른쪽 옆으로 45도 각도까지 천천히 내린다.
- 시선은 다리 반대 방향인 왼쪽을 향한다.

step 2

- 숨을 들이마시면서 복사근의 힘으로 다리를 들어 올리며 원 위치한다.
- 반대쪽도 같은 방법으로 실시한다.

무릎의 각도를 유지!

운동 시 두 다리가 떨어지지 않도록 조심!

다리가 넘어가는 반대쪽 어깨가 바닥에서 떨어지지 않도록 조심!

트렁크 로테이션 trunk rotation

- **주 운동 부위** 옆구리(내 · 외복사근)
- **부 운동 부위** 복부 중앙 전체(복직근 전체)
- **횟수** 15회~20회
- **세트** 3세트

준비 자세

- 상체를 45도 뒤로 젖혀 앉은 상태에서 무릎을 90도로 구부리고 발뒤꿈치를 바닥에 고정한다.
- 양손 끝을 귀 옆에서 고정한다.
- 시선은 턱을 당겨 무릎을 향한다.

step 1

- 숨을 내쉬면서 몸통을 오른쪽 방향 옆으로 회전시킨다.
- 동시에 오른쪽 무릎을 왼쪽 팔꿈치를 향해 옆으로 올린다.
- 무릎과 팔꿈치가 닿을 정도로 복부를 비틀며 힘을 준다.

step 2

- 숨을 들이 마시면서 상체를 정면으로 향하고 다리는 제자리로 돌아온다.
- 반대쪽도 같은 방법으로 실시한다.

팔꿈치로만 움직이지 않고
몸통 전체를 틀어주기!

등이 과하게 굽어 허리에
무리가 가지 않게 조심!